LE LIVRE

DES

PROPHÉTIES

OU

RECUEIL DES PROPHÉTIES LES PLUS CURIEUSES

CONNUES JUSQU'A CE JOUR

Et particulièrement celles ayant rapport aux temps actuels.

PASSÉ — PRÉSENT — FUTUR

PROPHÉTIES DE BLOIS, DU SOLITAIRE D'ORVAL
DU P. SOUFFRANT, ETC., ETC.

QUATRIÈME ÉDITION

PRIX : **2** FR.

RENNES
LIBRAIRIE GÉNÉRALE DE L'OUEST
PLACE DE LA MAIRIE ET RUE D'ORLÉANS, 6.

LE LIVRE

DES PROPHÉTIES

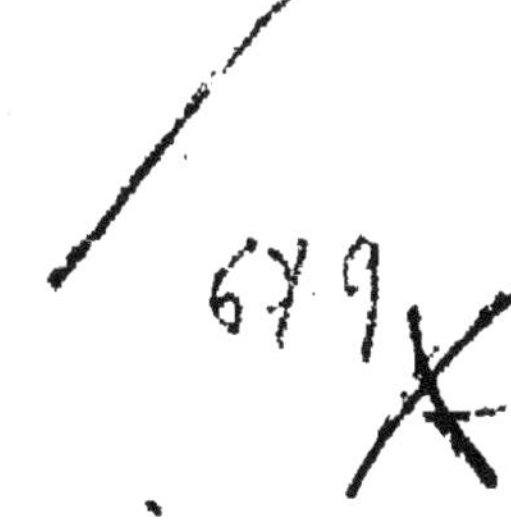

LE LIVRE

DES

PROPHÉTIES

OU

RECUEIL DES PROPHÉTIES LES PLUS CURIEUSES

CONNUES JUSQU'A CE JOUR

Et particulièrement celles ayant rapport aux temps actuels.

———— ~~~~~ ————

PASSÉ — PRÉSENT — FUTUR

PROPHÉTIES DE **BLOIS**, DU SOLITAIRE **D'ORVAL**
DU P. **SOUFFRANT**, ETC., ETC.

« De grands malheurs auront lieu
avant les vendanges. »
(PROPHÉTIE DE BLOIS.)

RENNES
LIBRAIRIE GÉNÉRALE DE L'OUEST
PLACE DE LA MAIRIE & RUE D'ORLÉANS, 4.

1870

PRÉFACE.

Les événements qui s'accomplissent en ce moment sont si extraordinaires qu'on s'est demandé de toutes parts quelle pouvait en être la cause, par quel terrible châtiment notre pauvre pays était ainsi accablé. Cette série de désastres sans précédents dans l'histoire a frappé de stupeur les plus mâles esprits, et, quand on y songe, on croit être le jouet d'un rêve affreux.

Eh quoi ! la grande, l'invincible France aurait été en si peu de temps abattue, terrassée, meurtrie. L'étranger aurait étendu sur elle sa main rapace et l'aurait foulée de son pied orgueilleux. Nos frontières auraient été débordées, nos provinces ravagées, nos villes conquises, nos villages incendiés ! Strasbourg aurait été bombardé, brûlé, anéanti, détruit ! 80,000 Français se seraient rendus et auraient mis bas les armes ! Tout aurait succombé ! Metz serait bloqué ! Paris investi et menacé ! Et la France entière ne se serait pas levée frémissante et ne se serait pas ruée tout entière sur ses envahisseurs ! Non, non, cela n'est pas possible !

Et pourtant la réalité est là. A ceux qui demandent : Pourquoi ces malheurs ? on peut répondre hardiment : Parce que Dieu châtie la France.

Oui, il la châtie, et durement. Insensé est celui qui ne sent pas sa main vengeresse.

La coupe de l'iniquité était pleine, et l'heure de la justice divine a sonné.

Comment expliquer autrement cette imprévoyance sans exemple, cette incurie honteuse, ces déroutes, ces hontes et ces désastres inouïs !

La France devait être châtiée, elle l'est.

Et si la prière ne désarme pas le bras de Dieu, si les caractères abaissés par les vices et avilis par les jouissances matérielles ne se retrempent pas au dur contact de l'épreuve, hélas ! qui peut prévoir la fin de nos malheurs ?

L'âme se porte involontairement vers l'avenir, et le regard inquiet semble vouloir en sonder les mystérieuses profondeurs. Les mères tremblantes se consultent et se demandent si des âmes privilégiées n'auraient point reçu du Ciel quelque confidence qu'il leur aurait été permis de dévoiler et capable de rassurer leur cœur craintif.

Certes, nous n'accordons aucune confiance à ces *devins* de profession qui se mêlent d'interroger les astres, et qui nous rappellent involontairement ce pauvre astrologue de la fable, qui, tout occupé à contempler les étoiles, se laissa choir dans un puits ; mais nous croyons à la *révélation*, nous croyons aux miracles, — nous n'avons aucune peine et aucune honte à l'avouer dans un siècle si incrédule, — et nous croyons enfin que Dieu peut, quand il lui plait, *dévoiler l'avenir.* En douter serait la négation de Dieu. Et qui donc ne croit pas en Dieu?

Nous pourrions du reste appuyer notre opinion sur des autorités de la plus haute valeur et en particulier sur le savant auteur des *Soirées de Saint-Pétersbourg*, qui a dit : « Mille expressions vous prouveront qu'il a plu à Dieu tantôt de laisser parler l'homme comme il le voulait, suivant les idées régnantes à telle ou telle époque, et tantôt de cacher, sous des formes en apparence simples, et quelquefois grossières, de hauts mystères qui ne sont pas faits pour tous les yeux. Or, dans les deux suppositions, quel mal y a-t-il donc à creuser ces abîmes de la grâce et de la bonté divine, comme on creuse la terre pour en tirer de l'or et des diamants? *Plus que jamais*, nous devons nous occuper do ces hautes spéculations, — *car il faut nous tenir prêts pour un événement immense dans l'ordre divin, vers lequel nous marchons avec une vitesse accélérée, et qui doit frapper tous les observateurs. Il n'y a plus de religion sur la terre; le genre humain ne peut demeurer dans cet état. Des oracles redoutables annoncent d'ailleurs que les temps sont arrivés...* L'univers est dans l'attente. Comment mépriserions-nous cette grande persuasion, et de quel droit condamnerions-nous les hommes qui, avertis par des signes divins, se livrent à de saintes recherches? »

Nous reproduisons donc plus loin les différentes prophéties qui nous ont semblé concerner les temps actuels et qui jouissent de la plus grande popularité. Mais nous hésitons à nous prononcer sur la valeur de ces prophéties, tant que leur authenticité ne nous sera pas parfaitement démontrée et que les événements ne les auront pas suffisamment justifiées.

Nous réservons donc notre jugement; mais telles qu'elles sont, elles nous ont semblé de nature à piquer la curiosité, et c'est à ce titre, et en laissant à chacun le soin de ses appréciations, que nous les reproduisons.

KERMOR.

Rennes, le 25 octobre 1870.

Depuis que les lignes qui précèdent ont été écrites, de nouveaux malheurs sont venus fondre sur la France. Metz, vierge encore de toute souillure de l'ennemi, a succombé sous la famine selon les uns, sous la trahison suivant les autres. Cent mitrailleuses, plus de huit cents bouches à feu et une quantité considérable de munitions de guerre sont tombées entre les mains de la Prusse, et les cent mille braves qui avaient disputé pied à pied aux ennemis le sol sacré de la patrie, ont été faits prisonniers et gémissent à cette heure dans les casemates de la dure Allemagne.

Et maintenant, un duel gigantesque et terrible est sur le point de s'engager entre l'armée de la Loire et les troupes du roi Guillaume, de ce roi mystique et barbare qui semble se réjouir des hécatombes humaines, et il n'est pas une âme en France qui ne frémisse de crainte et d'espoir.

O Dieu, Dieu puissant et juste, puisses-tu

enfin protéger nos armes! Assez de sang n'a-t-il pas été versé et n'avons-nous pas été assez punis? Que de deuil et que de larmes! Que de femmes pleurant de chers absents qui ne reviendront plus! Que de ruines et quels désastres sans nom! Que de hontes en si peu de jours! et que de pauvres petits orphelins gémissant dans leurs berceaux!

O Dieu bon! la France châtiée et repentie est enfin à vos pieds; daignez la secourir et la sauver! C'est notre prière ardente, c'est notre vœu le plus cher, et c'est aussi le vœu de tout cœur français.

Paul KERMOR.

Rennes, le 1ᵉʳ décembre 1870.

PROPHÉTIE DE BLOIS.

De toutes les prophéties que nous publions, celle qui a le plus vivement excité la curiosité, celle qui donne les indications les plus précises et qui semble éclairer le sombre avenir des lueurs les plus vives, est sans contredit la prophétie connue maintenant de toute la France sous le nom de *prophétie de Blois.*

Aussi croyons-nous devoir donner, sans en rien omettre, tous les renseignements parvenus à notre connaissance touchant cette prophétie, et dont nous garantissons la plus complète exactitude.

I.

Comment la prophétie de Blois a été connue.

Depuis longtemps déjà une prophétie, faite par une religieuse ursuline morte en 1804, jouissait dans le pays blaisois de la plus grande popularité. Cette prophétie avait trait aux événements de 1848 et annonçait, pour l'année 1870, les plus grands malheurs. La partie concernant 1848 s'étant accomplie à la lettre, le crédit de cette prophétie alla en augmentant et bientôt tout le monde voulut la connaître.

Jusque-là elle s'était transmise de bouche en bouche, dans le couvent des ursulines, comme une pieuse tradition, et du reste, la sœur *Providence*, qui avait reçu de la bouche même de la religieuse, morte en 1804, cette curieuse prophétie, vit encore et peut au besoin témoigner de son authenticité.

C'est le *Constitutionnel* qui, le premier, croyons-nous, en a publié une version.

La voici avec les quelques lignes dont la feuille voltairienne l'a fait précéder :

« Il circule, dans les pays blaisois, une prophétie qui a trait aux événements de l'année 1848 et de l'année 1870. Elle a été faite par une sœur ursuline, morte en 1805 (1). On sait, à Blois, que la prophétie relative à 1848 s'est en partie réalisée; c'est ce qui donne un certain crédit aux prédictions relatives à l'époque actuelle. Sans attacher une importance trop grande à de semblables documents, il faut avouer que celui-ci contient des coïncidences *vraiment saisissantes* et justifie la popularité locale dont il jouit déjà.

Nos lecteurs, au reste, vont pouvoir en juger. La prophétie est faite de versets comme celles de la Bible. »

(1) Le *Constitutionnel* se trompe, l'auteur de la présente prophétie est morte en 1801.

PROPHÉTIE DE BLOIS.

Sœur Maxime à sœur Providence des Ursules. — 1808.

---

7. Ils recommenceront donc au mois de février; vous serez sur le point de faire une cérémonie de vœux et vous ne la ferez pas.

8. Ensuite, avant la moisson, un prêtre de Blois partira pour Paris, il y restera trois jours et reviendra, ayant soin qu'il ne lui arrive rien. Un autre, qui ne sera pas de Blois, partira ensuite. Il n'ira pas jusque-là, parce qu'il ne pourra pas entrer. Il reviendra donc le même jour.

(NOTA. — Il est reconnu à Blois qu'en juin 1848, cette partie de la prophétie a été accomplie à la lettre).

(1870)

9. Si ce trouble devait être le dernier, on se cacherait dans les blés et les femmes feraient la moisson, car tous les hommes partiront; ils n'iront que petit à petit, et ils reviendront.

10. Les séminaristes auraient pu partir, mais il ne leur arrivera rien, car ils seront sortis quand les malheurs arriveront; ils ne rentreront pas même au temps fixé; pourtant ils auraient pu rentrer (elle répète cela plusieurs fois); comme la sortie des séminaristes est dans la première quinzaine de juillet, les grands malheurs commenceront donc après cette époque.

11. La mort d'un grand personnage sera cachée pendant trois jours.

12. Les grands malheurs auront lieu avant les vendanges. Il y aura des signes auxquels vous vous y reconnaîtrez. Ces signes regardent la communauté. Un d'eux est l'élection d'une supérieure, qui devant avoir lieu ne se fera pas.

13. Alors on descendra un matin sur le champ de foire et on verra les marchands se dépêcher

d'emballer. -- Et pourquoi, leur dira-t-on, emballez-vous si vite ? Nous voulons, répondront-ils, aller voir ce qui se passe chez nous.

14. Que ces troubles sont effrayants!

15. Pourtant ils ne s'étendront pas dans toute la France, mais seulement dans quelques grandes villes, et surtout dans la capitale, où il y aura un combat terrible et le massacre sera grand.

16. Blois n'aura rien. Les prêtres, les religieux auront grand'peur. L'évêque s'absentera dans un château; quelques prêtres se cacheront; les églises seront fermées, mais si peu de temps qu'à peine si l'on s'en apercevra : ce sera au plus l'espace de vingt-quatre heures.

17. Vous serez vous-mêmes sur le point de partir, mais la première qui mettra le pied sur le seuil de la porte vous dira : Rentrons, et vous rentrerez.

18. Avant ce temps, on viendra dans les églises et l'on fera dire des messes pour les hommes qui seront au combat.

19. Quant aux prêtres et aux religieuses de Blois, ils en seront quittes pour la peur.

20. Mais il faut bien prier, car les méchants voudront tout détruire; mais ils n'en auront pas le temps.

21. Ils périront tous dans le combat.

22. Il en périra aussi beaucoup de bons, car on fera partir tous les hommes; il ne restera que les vieillards. (La sœur semble avoir prédit la dernière circulaire de M. Gambetta.)

23. Les derniers cependant n'iront pas loin; leur absence ne sera tout au plus que de trois jours de marche.

24. Ce temps sera court; ce sera pourtant les femmes qui prépareront les vendanges et les hommes viendront les faire, parce que tout sera fini.

25. Pendant ce temps, on ne saura les nouvelles au vrai que par des lettres particulières.

26. A la fin, trois courriers viendront. Le premier annoncera que tout est perdu. Le second, qui arrivera pendant la nuit, ne rencontrera dans son chemin qu'un seul homme appuyé sur sa porte : — Vous avez grand chaud, mon ami, lui dira celui-là; descendez prendre un verre de vin. — Je suis trop pressé,

lui répondra le courrier. Il lui annoncera qu'un autre doit bientôt venir porteur d'une bonne nouvelle, puis il continuera sa route vers Berry.

27. Vous serez en oraison (vers six heures du matin) quand vous entendrez dire que deux courriers sont passés ; alors il en arrivera un troisième, feu et eau, qui devra être à Tours à sept heures et qui apportera la bonne nouvelle. (NOTA. — Ce courrier feu et eau n'est autre chose que le chemin de fer.)

28. Puis on chantera un *Te Deum*, oh ! mais un *Te Deum* comme on n'en a jamais chanté.

29. Mais ce ne sera pas celui qu'on croit qui régnera d'abord, ce sera le sauveur accordé à la France et sur lequel elle ne comptait pas.

30. Le prince ne sera pas là, on ira le chercher.

31. Cependant le calme renaîtra, et depuis le moment où le prince remontera sur le trône, la France jouira d'une paix parfaite et sera plus florissante que jamais pendant vingt ans.

Tous les journaux reproduisirent cette prophétie à l'envi. On la copiait, on se la prêtait, on la commentait de mille manières.

Comme toujours, des *esprits forts* firent entendre quelques paroles bien *senties*, et conclurent, après quelques sarcasmes contre les religieuses, que les prophéties sont chose bonne à amuser les femmes et les enfants. Mais, comme la prophétie dont nous parlons était d'une clarté terrible, précisant les dates et les faits, ils se tiraient de là en niant son authenticité.

Elle avait été *faite après coup*, disaient-ils, et la sœur qui avait dévoilé l'avenir d'une façon si frappante n'existait que dans l'imagination des dévots.

La lettre suivante, publiée par la *Guienne*, journal de Bordeaux, vint mettre à néant ces objections.

Bordeaux, le 27 septembre 1870.

MONSIEUR LE RÉDACTEUR,

Voici ce que vient de me dire une personne parfaitement digne d'être crue, au sujet de la prophétie de Blois, publiée dans votre numéro du 28 courant :

« La sœur Providence, à qui elle est adressée » par la sœur Marianne, supérieure du couvent » des ursulines à Blois, était novice dans le » couvent même et âgée d'environ trente ans.

» Un jour, la sœur Marianne lui dit : « Ma » sœur, prenez la plume et écrivez ce que je » vais vous dicter. » La jeune novice obéit ; mais » pendant qu'elle écrivait, ne pouvant en croire » ses oreilles et soupçonnant peut-être quelque » dérangement dans l'esprit de celle à qui elle » obéissait, elle ne put s'empêcher de sourire. » Vous riez ? lui dit alors la supérieure ; eh bien ! » pour montrer un jour que je dis vrai, je » vous annonce *que vous verrez ces événe-* » *ments.* »

« Or, la sœur Providence *vit encore au-* » *jourd'hui, à Blois,* âgée d'environ 93 ans, » et chacun peut aller auprès d'elle éclairer ses » doutes.

» *C'est de la bouche même de cette sœur* » *que je tiens ces détails.* »

Voilà, Monsieur le Rédacteur, ce que je viens

d'entendre, et, je le répète, des lèvres d'une personne vraiment digne de foi.

Appuyée sur une origine dont l'authenticité est si facile à vérifier, je ne m'étonne plus du crédit dont cette prophétie jouit depuis long-temps à Blois, ni de la grande curiosité qu'elle excite partout en ce moment.

Agréez, etc., etc.   J. D.

II.

Authenticité de la prophétie de Blois.

La lettre suivante, venant de la source la mieux renseignée et la plus sûre, et que nous devons à une obligeante communication, nous fournit les détails biographiques les plus intéressants et les plus précis sur la vie de sœur Marianne, l'auteur de la prophétie dont nous nous occupons (1).

Cette lettre nous donne en même temps le texte *le plus exact* de la prophétie de Blois, puisqu'il est en-

(1) Nous ne pensons pas qu'il y ait de l'indiscrétion à publier cette lettre, qui a été communiquée à un grand nombre de personnes de cette ville, et copiée même par plusieurs d'entre elles.

tièrement conforme aux traditions mêmes qui se sont religieusement conservées dans le couvent de Blois, touchant cette prophétie, et qu'il a été pour ainsi dire écrit sous la dictée de la sœur Providence elle-même.

« Cette pieuse fille, dit cette lettre, était regardée comme une sainte. Elle était presque toujours en prière, et sa charité était sans bornes.

» Pendant la révolution, elle avait loué une petite maison où elle avait recueilli celles des religieuses qui, n'ayant plus de famille, demeuraient sans asile. Lorsque la communauté se réunit en 1796, et ouvrit de nouveau son pensionnat, la pieuse sœur revint la servir, et y resta jusqu'à sa mort, le 19 août 1804.

» Pendant sa dernière maladie, elle eut des visions très-remarquables, mais qui n'ont jamais été écrites dans la maison. Il a été fait au dehors un grand nombre de prétendues copies de ces prédictions, mais aucune n'est complète et toutes sont plus ou moins inexactes.

» Ces prophéties ont été confiées à Mme de

Leyrette, alors pensionnaire au couvent et qui allait de temps en temps visiter la malade. Elle ne voulait pas de cette confidence, elle disait à Marianne : « Ce n'est pas à moi qu'il faut dire cela, c'est aux religieuses.

— Mais non, c'est à vous, parce que vous serez seule vivante quand ces événements se passeront, et vous serez religieuse.

— Ah ! ma bonne Marianne, vous savez bien que ma mère ne le veut pas.

— Ma chère demoiselle, quand vous pourrez être religieuse, madame votre mère ne pourra plus s'y opposer. »

» Six mois après, Mme de Leyrette était morte; sa fille alla l'assister durant sa dernière maladie, puis elle revint au couvent, où elle fit ses vœux le 2 mai 1808, sous le nom de sœur de la Providence. Elle a été quatre fois supérieure, et elle est aujourd'hui dans sa 93e année.

» Après avoir prédit des choses fort extraordinaires, qui se sont accomplies à la lettre dans la maison, sœur Marianne s'écria :

» De grands troubles auront lieu, des guerres, des désastres; non partout, mais dans quelques grandes villes, et surtout à Paris, où le massacre sera grand, horrible.

» Un matin on les trouvera au bas des murs, et l'on dira : Comment sont-ils donc venus?

» Tous les hommes partiront...

» Un grand combat sera livré, il sera épouvantable.

» On entendra le canon de neuf lieues à la ronde...

» Les bons, moins nombreux, seront sur le point d'être anéantis, mais un coup du ciel les sauvera.

» Tous les méchants périront et beaucoup de bons. »

« Marianne semblait assister à ce grand combat. Les mains jointes, les yeux levés vers le ciel, elle répéta plusieurs fois :

» O puissance de Dieu!! Il y aura une nuit terrible, personne ne dormira. Ce sera comme un petit jugement. »

La mère Providence croit qu'elle a voulu parler d'un orage, mais cela n'est pas clair.

— Sera-ce bien long? dit-elle à la voyante.

— Oh! non, lui fut-il répondu, car personne

ne tiendrait. Les méchants feront tout le mal qu'ils pourront, mais non tout celui qu'ils voudraient faire, parce qu'ils n'auront pas le temps. Mais il faudra prier, beaucoup prier...

» On n'aura de nouvelles que par des lettres particulières, car les feuilles publiques auront défense de parler.

» On cachera pendant plusieurs jours la mort d'un grand personnage.

» Pendant la foire de Blois, on sera très-inquiet.

» Les marchands emballeront avec précipitation, et quand on leur demandera pourquoi, ils répondront : « Nous voulons aller voir ce qui se passe chez nous. »

» Il n'arrivera rien à Blois.

» Les prêtres et les religieuses auront grand'-peur.

» Les églises seront fermées par précaution, mais pendant si peu de temps qu'à peine on s'en apercevra.

» Vous ne sortirez pas de vos maisons; on le dira, et vous aurez grand'peur, mais cela ne sera pas.

» On viendra vous demander des prières et des messes pour ceux qui seront au combat.

» Ce n'est pas celui que l'on croit qui régnera. Ces pauvres carmélites feront leur fête, et vous ferez la vôtre ?...

» Les femmes prépareront la vendange, et les hommes reviendront assez tôt pour la faire.

» Deux courriers passeront à Blois le même jour. Le premier dira : *Tout est perdu*; le second : *Tout est sauvé*; un courrier *feu et eau* passera ensuite. On voudra l'arrêter; il répondra : Je ne puis pas, je dois être à Tours dans une heure et demie.

» Après le grand combat, il y aura une ère de prospérité telle qu'on n'a jamais rien vu de semblable.

» Tout reprendra comme anciennement.

» Toutes les injustices seront réparées.

» Les communautés ne paieront plus d'impôts.

» Les corporations seront rétablies. Il y aura des choses telles que les plus incrédules ne pourront que dire : Le doigt de Dieu est là! On chantera un *Te Deum*, ah! à la bonne heure, parlez-moi de ce *Te Deum* là!

» Il sera suivi d'une prospérité inouïe pour la communauté. Ce sera parmi les mères à qui donnera ses filles.

— Cette prospérité durera-t-elle longtemps? demanda Mlle de Leyrette.

— Ah! dam, vous n'en verrez pas la fin ni les religieuses qui seront avec vous.

» Elle ajouta : J'ai encore bien des choses à vous dire... Ah! que c'est beau, ce que j'ai à vous dire! Revenez donc me voir.

» Mademoiselle de Leyrette n'y retourna pas. Au reste, une heure après; la sœur Marianne n'existait plus!!! »

Nous lisons dans une autre lettre que nous avons également sous les yeux le passage suivant :

« Une de nos mères anciennes, la mère Providence, âgée aujourd'hui de 93 ans, a en effet reçu, lorsqu'elle était pensionnaire, des révélations d'une tourière de notre maison, sœur Marianne; c'était en 1804, et la sainte fille touchait à ses derniers moments. Ni la mère Providence ni nous n'avons jamais rien écrit relativement à ces révélations qui ont été conservées dans notre souvenir seulement. On y a toujours attaché une certaine confiance dans notre maison, parce que les faits prédits par sœur Marianne se sont toujours *accomplis à la lettre*.

» Espérons que des jours meilleurs vont bientôt luire pour la France et pour l'Église, surtout si, suivant les pieuses inspirations de notre sœur Marianne, on prie beaucoup. Elle a paru faire dépendre la cessation des calamités de la prière fervente et persévérante. »

« *Blois, 15 octobre 1870.* »

Nous reproduisons encore à titre de document la version suivante de la *prophétie de Blois*, version très-ancienne, certainement antérieure à tout ce qui a été publié récemment, et transmise, nous a-t-on affirmé, par une religieuse de Blois à sa sœur, également religieuse.

Paroles de la sœur Marianne, morte en 1805, aux Ursulines de Blois, communiquées à M{#lle} de Leyrelle, aujourd'hui sœur Providence au même couvent.

« Les étrangers viendront en France et la famille des Bourbons rentrera à leur suite dans un temps où elle semblera presque entièrement oubliée, parce qu'un usurpateur fera partout retentir son nom à cette époque surtout.

» Mais la décadence de celui-ci arrivera au moment où il se croira le plus affermi sur son trône. Malheureusement pour nos rois et pour la France, l'usurpateur reparaîtra après un an d'exil et régnera encore; mais consolez-vous, il restera au plus trois mois (les cent jours) (1814-1815). La France possédera donc les rois légitimes et restera plusieurs années dans une grande paix, malgré les plaintes de quelques mauvais esprits. La France sera affligée par l'assassinat d'un prince qui semblera l'unique espérance de nos rois (duc de Berry); mais il aura un fils inattendu (Henri V) qui sera le souverain de la France.

» De nouveaux troubles en 1830, que vous verrez vous, mais que la mère Saint Joseph et la mère Sainte Monique ne verront pas, surgiront en France. Il y aura cependant quelque calme, mais ce ne sera pas une véritable paix. Ils recommenceront d'abord dans le mois de février 1848, vous serez sur le point de faire une cérémonie de vœux et vous la ferez ensuite avant la moisson.

» Si ces troubles doivent être les derniers, on se cachera dans les blés, et les femmes feront la vendange, car tous les hommes seront partis. Mais ils n'iront que par bandes et puis ils reviendront. Les séminaristes seront sortis; il ne leur arrivera rien, car ils seront sortis quand les grands malheurs arriveront. Ils ne rentreront pas au temps fixé, pourtant ils auraient pu le faire (répète-t-elle plusieurs fois). La mort d'un grand personnage sera cachée durant trois jours. » Nos sœurs disent que ce sera sans doute la mort du Pape, moi je ne le crois pas.

» Les grands malheurs auront lieu avant les vendanges.

» Il y aura des signes auxquels vous vous y reconnaîtrez. Que ces troubles seront effrayants. Cependant ils ne s'étendront pas à toute la France, mais seulement à quelques grandes villes, principalement à la capitale, où le massacre sera grand. Blois n'aura rien. Les prêtres et les religieuses auront grand'peur. La Visitation, surtout, qui est au Mont, tremblera. Quelques prêtres se cacheront. Les églises seront fermées, mais pour si peu de temps qu'à peine si on s'en apercevra, tout au plus vingt-quatre heures. Avant ce temps, on viendra prier dans les églises et on fera dire des messes pour les personnes qui seront au combat. Quant aux prêtres et aux religieuses, ils en seront quittes pour la peur.

Il faut bien prier, car les méchants viendront tout détruire, mais ils périront tous eux-mêmes dans le grand combat. Il y périra aussi beaucoup de bons, car on fera partir tous les hommes; les vieillards partiront, mais les derniers, et ils n'iront pas loin, leur absence sera tout au plus de trois jours de marche.

» Les femmes prépareront les vendanges et les hommes viendront les faire, parce que tout sera fini.

» Pendant tout ce temps, on ne saura de nouvelles certaines que par des lettres particulières. A la fin, trois courriers viendront. Le premier annoncera que tout est perdu. Le deuxième dira qu'il est très-pressé et annoncera qu'un autre doit bientôt apparaître porteur d'une bonne nouvelle. Puis on chantera un *Te Deum*, un *Te Deum*, oh! oui, un *Te Deum* comme on n'en a jamais chanté.

» Ce ne sera plus celui qu'on croit devoir régner qui régnera; ce sera le sauveur de la France, sur lequel la France ne comptait pas. Le prince ne sera pas là : on ira le chercher; cependant le calme renaîtra, et, depuis le moment où il sera sur le trône, la France jouira d'une paix parfaite et sera plus florissante et plus tranquille que jamais pendant environ vingt ans. »

Nous compléterons les renseignements que nous venons de donner sur la prophétie de Blois par la lettre suivante, publiée par le journal l'*Abbevillois*.

———

LA PROPHÉTIE DE BLOIS.

SON AUTHENTICITÉ.

———

Abbeville, couvent des Dominicains,
17 *octobre* 1870.

« Monsieur le Rédacteur,

» La publicité donnée, dans ces derniers temps, à un document singulier, dit *Prophétie de Blois*; l'intérêt assez naturel qu'il a excité en sens divers sur plusieurs points de la France; le crédit, exagéré peut-être, que des esprits trop penchés sur l'avenir sont enclins à lui accorder; l'origine honorable accordée à cette pièce et qu'il ne paraissait pas sans utilité de vérifier; — d'autre part, les doutes que je n'étais pas seul à concevoir sur l'authenticité de certains détails, — les dates notamment, si bien précisées par les journaux, — m'avaient déterminé à écrire directement à Mme la Supérieure des Ursulines de Blois. Aux renseignements que demandait ma lettre, tant sur la prédiction elle-même, que sur son auteur et la religieuse sa confidente; aux questions prescrites par la simple prudence et par les règles théologiques, ou suggérées par une lecture réfléchie, que je m'étais permis de poser, — pour m'éclairer sur le degré d'attention que la pièce commentée de tant de manières peut mériter d'un esprit sérieux, — la digne supérieure (dont je n'ai point, d'ailleurs, l'honneur d'être connu) a bien voulu m'adresser, aujourd'hui même, une réponse détaillée que je m'empresse, Monsieur, de vous communiquer, dans la pensée qu'il pourrait vous être agréable de la voir et d'en donner connaissance à vos lecteurs.

» Tout mon désir, dans le cas où vous croiriez devoir publier cette lettre, — est que bon nombre d'esprits, mieux édifiés sur la valeur relative des prédictions qu'on leur a mises en main, — évitent plus sûrement deux extrêmes toujours illogiques et regrettables : le préjugé superficiel qui méprise tout sans examen, — et cette sorte de fanatisme providentiel, que l'histoire nous montre s'emparant, aux heures critiques de la vie des peuples, des âmes en proie à une curiosité maladive, — et qui aurait tout au moins le fâcheux effet de paralyser l'énergie morale, dans ce moment si grave, qui est pour les uns celui de la lutte à outrance,— et pour les autres, celui de la prière et de l'immolation cachée, qui sont aussi des armes.

» Agréez, Monsieur le Rédacteur, la respectueuse soumission de mes sentiments dévoués. »

Fr. L. P. M. DELOTRIE,
des Frères Prêcheurs.

———

« MON TRÈS-RÉVÉREND PÈRE,

» Je ne sais par quel concours de circonstances nos sœurs de... ont acquis la conviction de posséder la *copie authentique* d'une prophétie qui n'a *jamais été écrite*... Les récits donnés par les journaux, tout en reproduisant les traits principaux (et cela sans notre approbation), ajoutent ou dénaturent bon nombre de détails. Ce qui est parfaitement exact, c'est qu'en 1804, une bonne tourière, nommée *Marianne*, qui avait vécu jusque-là dans l'obscurité et la simplicité d'une vie toute d'abnégation et de dévouement à notre Maison, alors aux prises avec la plus extrême indigence, étant visitée sur son lit de mort par une jeune postulante, aujourd'hui Mère Providence, sembla comme ravie aux réalités de ce qui l'entourait; l'avenir parut se dérouler devant ses yeux par des tableaux animés qu'elle faisait connaître par des exclamations... La plupart des événements qu'elle faisait ainsi connaître se rapportaient à la Maison, ils ont reçu leur accomplissement d'une manière vraiment frappante; les autres, annonçant les bouleversements politiques, se sont vérifiés en 1848. Un certain nombre enfin semblent devoir se réaliser actuellement, mais aucune date n'avait été précisée... Les journaux ont pris soin de les assigner après coup.

La bonne Mère Providence, en entendant toutes ces prédictions, objecta à la mourante qu'elle ferait bien mieux de confier des révélations aussi graves à une religieuse professe plutôt qu'à une jeune postulante sur le point de quitter le noviciat, en vertu de la violente opposition de sa famille. La bonne sœur lui répondit : « Quand vous serez en âge de prononcer vos vœux, madame votre mère ne pourra plus s'y opposer... et c'est à vous seule que je veux confier ces choses, parce que seule vous en verrez l'accomplissement... » Effectivement, six mois après la mort de la bonne tourière, la Mère Providence perdait sa mère, et devenait parfaitement libre de se donner à Dieu... et seule elle a survécu à toutes ses contemporaines, comme pour être près de nous le garant des promesses du divin Maître, et hâter par ses prières ferventes et continuelles l'heure de la miséricorde et du pardon. Cette vénérable Mère jouit, malgré ses quatre-vingt-douze ans, d'une santé et d'une gaîté vraiment exceptionnelles; elle attend, son *Rosaire en main*, cette ère de prospérité qui doit suivre tant de malheurs et dont elle *verra* le commencement. Bien que sœur Marianne ne lui ait pas précisé d'époque, elle n'a jamais confondu les événements de 1848 avec ceux qui regardent l'époque actuelle... Et ces dernières années, alors que l'horizon politique commençait à s'obscurcir, elle répondait à nos interrogations : « Non, ce n'est pas encore le moment des grands événements. » Aujourd'hui, elle croit que l'époque est arrivée.

Il est en effet fort difficile de distinguer si la bonne sœur Marianne a voulu parler d'une guerre civile ou d'une guerre contre l'étranger; cependant plusieurs détails que ne reproduisent pas les journaux ne nous laissent aucun doute; l'invasion et ses conséquences y sont très-clairement annoncées; seulement la fin, ce que la sœur Providence appelle le grand coup, fait songer à un bouleversement intérieur. Les vendanges, terminées dans certains cantons, sont à peine commencées dans quelques autres ; et si, comme nous l'espérons, la divine Miséricorde est bien près de rencontrer la *justice*, la prophétie pourrait ne pas être en défaut.

Il nous est impossible, mon révérend Père, de vous envoyer ce qui précède le verset septième, pour la raison très-péremptoire que jamais les prédictions n'ont été écrites ni divisées en versets. Sœur Marianne avait défendu de rien écrire et la Mère Providence s'est docilement conformée à cet ordre. Mais elle a redit ce qui lui avait été appris, en bravant tout d'abord le sourire d'incrédulité des autres religieuses qui ne voulurent accorder quelque croyance qu'après l'accomplissement de plusieurs faits annoncés. C'est donc par voie de tradition orale que ces prédictions sont parvenues jusqu'à nous. Sœur Marianne étant allée recevoir la récompense de son obscur et tout cordial dévouement peu de temps après son entretien avec la Mère

Providence, n'a pu être soumise aux épreuves qui font le sujet de votre 4e question.

Sans attacher trop d'importance à ces prédictions, nous ne pouvons fermer les yeux à l'évidence, et nous aimons à croire que l'adorable bonté du Maître nous a préparé ainsi des consolations et des espérances pour l'heure douloureuse que nous traversons. Ne semble-t-il pas nous répéter par l'organe de cette pauvre tourière : « Ceux qui mettent en moi leur confiance demeureront inébranlables comme la montagne de Sion. » Mais la prière nous a été instamment recommandée, si nous voulons voir l'accomplissement des promesses.

Nous espérons, mon très-révérend Père, que vous voudrez bien vous unir à nous et parler quelquefois au divin Maître et à Notre-Dame du Saint-Rosaire de cette communauté des Ursulines, si heureuse de vous faire partager ses consolations et ses espérances.

Croyez, mon très-révérend Père, à tous les sentiments de respect avec lesquels j'ai l'honneur d'être, Sœur Sainte-Claire, supérieure.

Sainte-Ursule de Blois, 15 octobre 1870.

III.

Quelques réflexions sur cette prophétie.

Des coïncidences *saisissantes*, pour nous servir des propres expressions du *Constitutionnel*, ont vite donné à la prophétie de Blois une immense notoriété.

Et en effet, de grands malheurs ne sont-ils pas arrivés *avant les vendanges*? ne les a-t-on pas trouvés *un matin au bas des murs*, ces terribles ennemis que la sainte fille apercevait au milieu des ténèbres de la mort qui déjà l'enveloppaient? Ne reçoit-on pas de beaucoup de villes des nouvelles que par quelques lettres *particulières*? Et nous ne parlons même pas de Paris, qui ne peut communiquer avec le reste de la France que par ces messagers aériens qui s'en vont où l'aile du vent les emporte, et avec eux les lettres de mille familles désolées, leurs vœux, leurs souhaits et leurs cris d'espérance!

« Les mains jointes et les yeux levés vers le ciel, » sœur Marianne avait assisté, « ô puissance de Dieu ! » à ces combats horribles qui ont jeté la désolation dans tous les cœurs et couvert de sang le sol de la France.

Quels tourments et quelles alarmes ne dut-elle pas ressentir en voyant tomber ces milliers de victimes, en assistant à tous nos désastres, en prévoyant tous nos malheurs?

Mais l'esprit prophétique la possédait, et elle continuait.

« L'évêque, disait-elle, sera absent dans un château. »

Or, à l'époque où la prophétie a été faite, il n'y avait pas à Blois de siége épiscopal. Tous les évêchés avaient été supprimés en 1793. Au concordat, la France ecclésiastique fut divisée en dix archevêchés et cinquante évêchés. L'évêque d'Orléans avait sous sa juridiction les deux départements du Loiret et du Loir-et-Cher.

Ce n'est qu'en 1822 qu'une convention passée entre le Saint-Siége et le gouvernement français érigea à Blois un siége épiscopal.

Pendant la foire de Blois, on sera très-inquiet.

» Les marchands emballeront avec précipitation, et quand on leur demandera pourquoi, ils répondront : Nous voulons aller voir ce qui se passe chez nous. »

Or, on nous raconte que cette partie de la prophétie vient de s'accomplir à la lettre.

Un grand nombre de marchands étaient accourus de tous côtés, pour assister à la foire de Blois, qui a lieu dans la première quinzaine d'octobre. Ils avaient étalé leurs marchandises et espéraient faire une excellente journée, lorsque des nouvelles alarmantes se répandent dans toute la ville.

La terreur les saisit. « Ils emballent leurs marchandises avec précipitation » et retournent en toute hâte chez eux, afin de voir « ce qui s'y passe » et afin de savoir si leurs propres familles ne sont pas menacées (1).

(1) Nous donnons cette nouvelle telle qu'elle nous a été racontée, mais sans en garantir aucunement l'exactitude. Nous avons vainement écrit à Blois, et nous n'avons pu jusqu'à ce jour obtenir de réponse précise.

Mais de tous les rapprochements inattendus, celui qui a saisi le plus fortement le public, croyons-nous, c'est l'annonce anticipée de la *mort de ce grand personnage qui devait être cachée pendant trois jours.*

On apprit en effet, et avec le plus grand étonnement, il y a à peine quelques jours, qu'un cercueil couvert d'une draperie d'or et qui devait renfermer un très-grand personnage, était arrivé à Châlons et à Toul, conduit par un corps nombreux de Prussiens dont le visage trahissait la plus profonde douleur. A Toul, les plus grands honneurs avaient été rendus à ce mort mystérieux par 3,000 Mecklembourgeois qui se trouvaient dans cette ville et qui, en signe de deuil, avaient arboré le drapeau noir.

Quel était ce grand personnage dont on cachait si soigneusement le nom?

L'article suivant, que nous empruntons à *la France* du 6 octobre courant (1870), essayait en vain de dissiper cette obscurité.

La voiture mystérieuse.

Voici les nouveaux détails qui nous arrivent aujourd'hui de divers côtés sur cet épisode :

On communique au *Précurseur* d'Anvers l'extrait suivant d'une lettre de Liesse, près Laon, en date du 27 septembre :

« Hier est arrivée à Reims et criblée de balles la berline du roi de Prusse. Elle contenait un mort. Défense avait été faite aux Prussiens qui la conduisaient de le montrer ou de dire qui il était. On l'a descendu dans un couvent, et à la porte on a mis un écriteau portant ces mots : Défense d'entrer sous peine de mort.

» Cette berline ne contenait ordinairement que quatre personnes : le roi, le prince royal, de Bismark et de Moltke. Ce doit donc être un de ces quatre personnages.

» Ce matin, une seconde lettre confirme ce fait et nous dit qu'avec le mort il y avait un blessé. On a fait sortir toutes les religieuses du couvent où est entrée la berline si maltraitée. »

La *Gazette de Cambrai* publie sur le même sujet la version suivante :

« Les voitures de la cour de Prusse, escortées par un nombreux détachement de cuirassiers blancs — au moins un régiment — traversaient un bois aux environs de Reims. A cet endroit, la route, dominée par des hauteurs, se rétrécit au point de ne laisser passage qu'à une seule voiture. Des cavaliers la précédaient et la suivaient, lorsque tout-à-coup partit des deux côtés de la route une fusillade bien nourrie; c'étaient des francs-tireurs qui exécutaient un coup de main hardi très-bien préparé.

» L'une des voitures qui, dit-on, renfermait quatre personnages très-élevés, a été littéralement criblée de balles. L'un des voyageurs princiers a été tué, les trois autres très-grièvement blessés.

» Quel est ce personnage?

» L'ennemi paraît avoir le plus grand intérêt à cacher son nom et sa qualité, car il n'a rien laissé transpirer à cet égard. Suivant les uns, ce serait le roi Guillaume; suivant d'autres, le prince Frédéric-Charles ou le prince royal.

» Quoi qu'il en soit, un voyageur venu de Reims hier à Saint-Quentin, a affirmé à une personne qui nous a répété son récit : Qu'il a vu à Reims et touché la voiture criblée de balles; qu'il a vu en outre partir un convoi militaire fort nombreux qui reconduisait vers la Prusse un cercueil renfermant un mort auquel les honneurs les plus élevés étaient rendus.

» Quel est ce mort? la lumière ne peut tarder à se faire à cet égard. »

On fit mille hypothèses, on parla successivement du comte de Bismark, du général de Moltke, du roi Guillaume lui-même, du prince Frédéric-Charles, du duc de Mecklembourg blessé par l'explosion de la citadelle de Laon, et finalement du duc de Nassau.

On a affirmé que la supérieure du couvent de Reims, où avait été déposé le cercueil au drap d'or, avait été instruite du nom de ce grand personnage, mais que défense lui avait été faite, *sous peine de mort*, de dévoiler le secret si bien gardé. A l'heure où nous écrivons, la lumière n'est pas encore entièrement faite au sujet de ce mort. On a même dit que c'était un tour à la *façon prussienne*, et que nos mortels ennemis n'avaient eu d'autre but que de se moquer de la crédulité française en détournant notre attention d'objets plus sérieux.

Nous ne savons donc si la prophétie de Blois ne s'est pas trompée sur ce point, et quant aux événements futurs qu'elle prédit avec une si grande clarté, nous en attendons avec impatience la réalisation; d'abord, parce qu'ils sont un encouragement à faire vigoureusement et bravement notre devoir, une lueur à l'horizon obscur, une consolation, une force, une suprême espérance de salut, et ensuite, parce que s'ils s'accomplissent vraiment : « Les plus incrédules ne pourront que dire : *Le doigt de Dieu est là !* »

Oui, souhaitons et souhaitons de tout cœur, avec la *prophétie de Blois*, que des jours plus heureux reviennent pour notre pauvre et chère France, souhaitons que ses enfants soient éprouvés, châtiés même s'ils le méritent, mais

non perdus sans retour et perdus pour l'é-
ternité.

Que la foi longtemps éteinte revienne enfin;
que les yeux s'élèvent vers le ciel, là où est
toute consolation, toute force et tout espoir.
Que les cœurs se raffermissent et que les âmes
se fortifient.

Non, la France n'est point perdue, et elle ne
le sera jamais! Dieu ne saurait l'abandonner,
nous n'en doutons pas un seul instant. Il aura
pitié d'elle. Il aura pitié de nos malheurs. Il se
laissera toucher et attendrir, et il enverra une
légion de ses anges combattre avec nous, et
nous serons invincibles, et nous serons sauvés!
Et alors nous pourrons chanter ce fameux
Te Deum dont parle la sœur Marianne; et si
ce jour heureux arrive, si victorieux enfin nous
pouvons repousser les barbares qui souillent
de leur présence le sol sacré de la patrie, nous
reconnaîtrons à ces signes certains que la
France est toujours la *fille aînée de l'Eglise* et
qu'elle ne saurait périr tant que Dieu restera
avec elle.

PROPHÉTIE

DE M. L'ABBÉ SOUFFRANT (1).

L'abbé Souffrant, curé de N..., diocèse de Nantes, avait annoncé à ses amis MM. de Charette les événements arrivés en 1814 et 1815. Interrogé par eux en 1817, sur ce qu'il entrevoyait dans l'avenir, voici ce qu'il répondit :

« Ne vous réjouissez pas trop de la Restau-
» ration, car votre joie ne sera pas de longue

(1) Cette prophétie a été copiée sur une note écrite avant 1846 et qui était elle-même la reproduction de l'original portant la date de 1817.

» durée : la branche aînée des Bourbons quit-
» tera encore la France. Le moment sera proche
» lorsqu'on fera la guerre aux Turcs.

» Sous le règne de l'usurpateur, un mouve-
» ment sera tenté dans la Vendée, mais ce sera
» peu de chose.

» L'usurpateur sera chassé à son tour; le mo-
» ment sera proche lorsqu'on voyagera avec la
» plus grande rapidité. Je ne sais comment cela
» se fera, mais je crois que l'on ira avec la vi-
» tesse des oiseaux. La chute de l'usurpateur
» sera précédée de mouvements en Italie.

» La République sera proclamée, mais elle
» durera peu : l'on entendra alors plusieurs
» cris ! Les trois qui domineront seront : Vive la
» République ! vive Napoléon ! et enfin le dernier
» de tous : Vive le grand monarque que Dieu
» nous garde ! La venue de ce grand monarque
» sera très-proche lorsque le nombre des légi-
» timistes sera tellement petit qu'à vrai dire on
» les comptera.

» Avant le grand monarque, des malheurs
» terribles doivent arriver : Le sang coulera par
» torrents dans le Nord et dans le Midi. L'Ouest

» sera épargné à cause de sa foi, mais je vois
» le sang couler au Nord et au Midi, comme la
» pluie dans un jour de grand orage, et je vois
» les chevaux ayant du sang jusqu'aux sangles.
» Paris sera détruit, et tellement détruit que la
» charrue y passera. Alors entre les cris : Tout
» est perdu, tout est sauvé, il n'y aura pour
» ainsi dire pas d'intervalles. Dans ces événe-
» ments, les bons n'auront rien à faire; ce seront
» les républicains qui se dévoreront entre eux.

» Le grand monarque fera des choses si éton-
» nantes et si merveilleuses que les plus incré-
» dules seront forcés d'y reconnaître le doigt de
» Dieu.

» Sous son règne, toute justice sera rendue;
» les malheurs prédits plus haut seront la suite
» des calamités méritées par nos crimes.

» Si, comme Dieu le désire, nous rentrons
» dans ses voies et celles de la sainte Eglise,
» nos maux seront allégés; c'est à cause de cela
» que l'Ouest sera épargné dans ces événements,
» et qu'il a trouvé grâce devant Dieu, à cause de
» sa foi.

- » Dieu se servira du grand monarque pour

» exterminer les sectes hérétiques, les supersti-
» tions des gentils et établir, de concert avec le
» Pontif-Saint, la religion catholique dans tout
» l'univers, excepté dans la Palestine, pays de
» malédiction.

» Après la crise, il y aura un concile général,
» malgré quelques oppositions faites par le
» clergé lui-même.

» Ensuite, il n'y aura qu'un seul troupeau et
» un seul pasteur, parce que tous les infidèles,
» les hérétiques (même les juifs, dont la masse
» ne se convertira qu'après la mort de la bête)
» entreront dans l'Eglise latine, dont le triomphe
» se continuera jusqu'à la destruction de l'Ante-
» Christ. »

PROPHÉTIE DE M. MATTAY

Curé de Saint-Méen.

Cette prophétie, qui n'a pas encore été publiée et que l'on veut bien nous communiquer, a été pour ainsi dire écrite sous la dictée d'un habitant de Saint-Méen dont nous taisons le nom par discrétion et qui était l'ami intime de M. Mattay (1).

« En 1810, M. Mattay, alors curé de Saint-Méen, annonça la chute de Bonaparte et le re-

(1) Nous avons tenu, comme on le verra, à conserver à cette prophétie son style primitif et original. C'est une excellente preuve de son authenticité, qui nous est du reste affirmée.

tour des Bourbons; et il paraissait si assuré de ce qu'il annonçait qu'il ne craignait pas de le dire hautement et à qui voulait l'entendre, à telles enseignes qu'un dimanche étant dans la chaire de vérité, il prononça à haute et intelligible voix les paroles suivantes : Pauvres mères, vous pleurez la perte de vos enfants, vous avez raison ; mais consolez-vous, dans deux ans vous n'aurez plus d'empereur; il sera détrôné et remplacé par un prince de la famille des Bourbons.

» Ses amis, en l'entendant parler ainsi, en furent effrayés, craignant qu'il ne fût inquiété, ce qui n'eût pas manqué d'arriver si les autorités de l'endroit, qui étaient bien composées et qui l'aimaient, ne se fussent interposées en sa faveur auprès de celles du chef-lieu, auxquelles il fut dénoncé.

» Il leur fut dit que M. Mattay n'avait pas bien sa tête à lui, qu'on était habitué à l'entendre parler ainsi, qu'on n'y faisait aucune attention; qu'en un mot, on le regardait comme un fou, un insensé. En effet, on ne faisait guère cas de ses prophéties, et on n'en croyait pas un mot. Cependant il était difficile de l'empêcher de parler, et dans les maisons où il allait habituellement, sa conversation roulait principalement sur son thème favori. Un jour (c'était le dimanche de Pâques) (1813), se trouvant à dîner chez M. de Lahaye, maire de Saint-Méen, il s'écria tout-à-coup, à la fin du repas : Buvons à la santé de Louis XVIII; d'aujourd'hui en un an il sera sur le trône, et nous crierons tous : Vive Louis XVIII! Il n'avait pas tout prophétisé, et vers le milieu de 1814, on en sut bien davantage. En 1815, il dit : Le tyran reviendra encore, il remontera sur le trône; mais il ne l'occupera que trois mois, et ce règne s'appellera les Cent Jours. Le laps de temps passé, Louis XVIII reprendra sa place et mourra roi, plus heureux en cela que son successeur, lequel sera détrôné en 1829 ou 1830, époque à laquelle s'établira un gouvernement républicain dont le chef aura le titre de roi ; mais ce ne sera pas le plus heureux de sa bande, et si les légitimistes s'y prennent bien, ce règne ne durera que six mois; dans l'hypothèse contraire, il faudra nous résoudre à le subir plusieurs années. Préciser le terme de sa

durée, c'est ce que je ne puis ; tout ce que je
sais, c'est qu'il ne passera guère la dix-septième
année. Pendant ce règne, il y aura souvent des
révoltes, et même on attentera aux jours du
roi, mais en vain : une main invisible le proté-
gera. Il portera les contributions à un taux
énorme et comme jamais on ne les aura vues,
et fera un grand réglement qui tournera à son
désavantage. Le moment marqué par la Providence arrivé, il sera détrôné et chassé non par
les légitimistes, ils n'y auront point pris part,
mais par ses amis eux-mêmes. Il prendra la
fuite et voudra s'embarquer pour l'Angleterre,
mais il éprouvera des difficultés. La république
sera proclamée, si ses partisans en ont le temps ;
elle durera peu et se détruira d'elle-même.
Après elle, un prince légitime d'une grande
piété et d'une grande sagesse sera appelé à
gouverner la France. Il vivra très-vieux, et la
France se trouvera heureuse sous son règne. Il
prendra le titre d'empereur, parce que, à partir
de là, nous ne devons plus avoir de rois. Vers
la fin du règne de l'usurpateur, le pape mourra
et aura pour successeur un jeune pape qui saura

se mettre à la hauteur de sa mission ; et c'est
sous ce jeune pape que nous sommes appelés à
voir de grands événements. L'empereur aura
passé en France presque tout le temps du règne
républicain ; mais on en parlera très-peu, si ce
n'est quelques jours avant son avénement. Il
partira de Rome pour venir occuper le trône,
après avoir reçu la bénédiction du Saint-Père.
Sa garde sera composée d'étrangers. A peine
proclamé, il aura plusieurs guerres à soutenir,
et notamment avec l'Angleterre, qui sera con-
quise par lui et deviendra province de France.
Il mettra onze mois à faire cette conquête ;
toute l'armée d'une voix unanime criera : Cou-
rons en Angleterre. L'enthousiasme sera si
grand que l'empereur, pour ne pas faire de ja-
loux, fera tirer les troupes au sort, car il faudra
bien qu'il en réserve une partie pour garder
les côtes.

» Les puissances étrangères s'armeront, non
en faveur de la légitimité, mais dans le but de
partager la France. L'empereur de Russie, à la
tête d'une grande armée, viendra jusqu'au
Rhin, qu'il ne passera pas, parce que là une

main invisible l'arrêtera. Il verra le doigt de Dieu. Quelque chose de miraculeux arrivera; l'empereur embrassera la religion catholique et la fera reconnaître dans tous ses Etats. Je ne puis au juste préciser l'époque de ces choses. »

(M. Mattay avait l'habitude de compter le temps par lunes, ce que je ne comprenais pas.)

« Tout ce que je sais, c'est que si la république a le temps de s'établir tout-à-fait, elle ne durera que trois jours, au bout desquels l'empereur montera sur le trône, et à un moment donné, toute l'Europe sera en feu. Le calme cependant naîtra de l'orage au moment où l'on s'y attendra le moins et qu'on croira tout perdu. L'heureux changement arrivera et sera annoncé par des proclamations qui, dans un clin-d'œil, seront répandues par toute la France. Les fonctionnaires désignés se trouveront à leurs postes à point nommé; les emplois seront donnés au mérite et non à la faveur; la religion sera protégée et respectée. L'empereur accordera un pardon général et personne ne sera inquiété pour ses opinions. En un mot, il y aura oubli du passé.

» Peut-être les choses s'arrangeront-elles sans effusion de sang, mais si l'on se bat, le choc sera terrible et il périra plus de monde qu'en 93, et la terreur sera si grande que les plus rassurés trembleront de frayeur. Les églises seront fermées pendant quelque temps, surtout dans les villes. Le feu n'atteindra point la Bretagne, ou du moins elle en souffrira peu ; tout le pays sera couvert de troupes ; le feu prendra du Midi au Nord et on se battra pendant six semaines et les quinze derniers jours, jours et nuits. Les légitimistes, spectateurs de la lutte, ne prendront les armes que quelques jours avant l'arrivée de l'empereur. Dans ce cas, légitimistes et républicains se donneront la main, et l'empereur viendra occuper le trône sans effusion de sang et sans même qu'il soit tiré un seul coup de fusil pour l'y faire monter. Enfin ce ne sera pas pour lui qu'on se sera battu. La paix sera attribuée à Dieu et rien aux hommes, et ce dont nous devons être témoins sera regardé comme miraculeux. Alors la joie sera si grande que le voyageur n'aura pas besoin d'argent; il sera recueilli et défrayé partout ;

on dressera des tables dans les rues, et on y admettra tout le monde sans distinction ; les réjouissances dureront huit jours consécutifs. Pendant le temps que durera la grande crise, les journaux, devenus presque insignifiants, n'apprendront que peu de nouvelles, et souvent celles du jour seront démenties le lendemain. L'empereur ne pourra diminuer les impôts que trois ans après son avénement au trône, à cause des grandes charges qu'auront occasionné les frais de la guerre et la mauvaise administration du gouvernement précédent. Avant l'arrivée de l'empereur, trois grandes villes et cinq petites périront de fond en comble, ce qui ne pourra être connu qu'un certain laps de temps après. A peine les jeunes conscrits de la classe de l'année où ces événements arriveront seront-ils sous les drapeaux que déjà l'empereur sera proclamé, ou sur le point de l'être.»

M. Mattay avait aussi prédit une révolution en Espagne.

« Si le roi de ce pays n'est pas détrôné, peu s'en faudra ; toutefois il remontera sur le trône ; mais quinze jours seulement après la restauration qui doit avoir lieu en France. »

PROPHÉTIE

DU SOLITAIRE D'ORVAL (1).

————————

[N. La première partie de cette prophétie a
été omise dans les copies qui en ont été faites
au commencement de la Révolution française.
On n'en possède aujourd'hui que la seconde
partie, commençant à Napoléon].

(1) Insérée dans les ouvrages suivants : *Journal des
villes et campagnes*, n° du 20 juin 1839; — *Propagateur
de la Foi*, t. IV, p. 332; t. V, p. 155 et 153; — *Tablettes
du Chrétien*, p. 489; — journal l'*Invariable* de Fribourg,
t. XIII, 1839; — l'*Oracle*, par M. Dujardin, mars 1840;
— *Nostradamus*, par M. Bareste, 1840; — publiée séparément en une brochure de neuf pages le 16 janvier
1840, chez Maillet, éditeur. — Il est donc impossible
de dire que cette prophétie a été faite après coup.

Prévisions certaines révélées par Dieu à un solitaire pour la consolation des enfants de Dieu.

SUITE.

En ce temps-là, un jeune homme venu d'outre-mer dans le pays du Celte-Gaulois se manifestera par conseil de force, mais les Grands ombrages l'envoieront guerroyer dans l'isle de la captivité. La victoire le ramènera au pays premier. Les fils de Brutus moult stupides seront à son approche, car il les dominera et prendra nom empereur.

Moults hauts et puissants rois sont en crainte vraie, car l'aigle enlève moults sceptres et moults couronnes. Piétons et cavaliers, portant aigles sanglantes, avec lui courent autant que moucherons dans les airs; et toute l'Europe est moult ébahie, aussi moult sanglante, car il sera tant fort que Dieu sera cru guerroyer avec lui. L'Église de Dieu se console tant peu en oyant ouvrir encore ses temples à ses brebis tout plein égarées, et Dieu est béni.

Mais c'est fait, les lunes sont passées, le Vieillard de Sion crie à Dieu de son cœur moult endolori par peine cuisante, et voilà que le puissant est aveuglé pour péché et crimes.

Il quitte la grande Ville avec une armée si belle que oncques ne vit jamais si telle, mais point de guerroyer ne tiendra bon devant la face du temps, et voilà que la tierce part de son armée et encore la tierce part a péri par le froid du Seigneur puissant (1). Mais deux lustres sont passés d'après le siècle de la désolation, comme j'ai dit à son lieu; tout plein fort ont crié à Dieu les veuves et les orphelins, et voilà que Dieu n'est plus sourd.

Les Hauts abaissés reprennent force et font ligue pour abattre l'homme tant redouté; voici venir avec eux le vieux sang des siècles qui reprend place et lieu en la grande Ville, cependant que l'homme dit moult abaissé va au pays d'outre-mer d'où était advenu.

Dieu seul est grand; la lune onzième n'a pas

(1) Il est évident qu'il s'agit ici de la grande Armée et de l'immense désastre de Russie.

lui encore, et le fouet sanguinolent du Seigneur revient en la grande Ville et le vieux sang quitte la grande Ville. Dieu seul est grand, il aime son peuple et a le sang en haine, la cinquième lune a relui sur maints guerroyers d'Orient; la Gaule est couverte d'hommes et de machines de guerre : c'est fait de l'homme de mer.

Voici encore venir le vieux sang de la Cap. Dieu veut la paix et que son saint nom soit béni. Or, paix grande et *florissante* sera au pays du *céleste* Gaulois. La fleur blanche est en honneur moult grand (1), la maison de Dieu chante moult saints cantiques. Cependant les fils de Brutus oyent avec ire la fleur blanche et obtiennent règlement puissant, ce pourquoi Dieu est encore moult fâché à cause de ses élus et pour ce que le saint jour est encore moult profané; ce pourtant Dieu veut éprouver le retour à lui par 18 fois 12 lunes. Dieu seul est grand, il purge son peuple par maintes tribulations, mais tousiours les mauvais auront fin.

Sus donc lors une grande conspiration contre la fleur blanche chemine dans l'ombre par vue

(1) Époque de la Restauration.

de compagnie maudite, et le pauvre vieux sang de la Cap quitte la grande Ville et moult grandissent les fils de Brutus. Oyez comme les servants Dieu crient tout fort à Dieu, et que Dieu est sourd par le bruit de ses flèches, qu'il retrempe en son ire pour les mettre au sein des mauvais. Malheur au céleste Gaulois ! le coq effacera la fleur blanche, et un grand s'appelle le roi du peuple. Grande commotion se fera sentir chez les gens, parce que la couronne sera posée par mains d'ouvriers qui ont guerroyé dans la grande Ville.

Dieu seul est grand; le règne des mauvais sera vu croître; mais qu'ils se hâtent, voilà que les pensées du céleste Gaulois se choquent et que grande division est dans l'entendement.

Le roi du peuple en abord vu moult foible, et pourtant contre ira bien des mauvais ; mais il n'étoit pas bien assis, et voilà que Dieu le jette bas.

Hurlez, fils de Brutus, appelez sur vous les bêtes qui vont vous dévorer. Dieu grand, quel bruit d'armes ! Il n'y a pas encore un nombre plein de lunes, et voici venir maints guerroyers.

C'est fait, la montagne de Dieu désolée a crié à Dieu ; les fils de Juda ont crié à Dieu de la terre étrangère, et voilà que Dieu n'est plus sourd. Quel feu va avec ses flèches! Dix fois six lunes, et puis encore six fois dix lunes ont nourri sa colère. Malheur à toi, grande Ville! Voici des rois armés par le Seigneur, mais déjà le feu t'a égalée à la terre ; pourtant tes justes ne périront pas, Dieu les a écoutés. La place du crime est purgée par le feu, le grand ruisseau a conduit toutes rouges de sang ses eaux à la mer, et la Gaule vue comme délabrée va se rejoindre.

Dieu aime la paix ; venez, jeune prince, quittez l'isle de la captivité, oyez, joignez le lion à la fleur blanche, venez. Ce qui est prévu, Dieu le veut : Le vieux sang des siècles terminera encore de longues divisions; lors, un seul pasteur sera vu dans la céleste Gaule. L'homme puissant par Dieu s'assoyera bien, moult sages réglements appelleront la paix. Dieu sera cru d'avec lui, tant prudent et sage sera le rejeton de la Cap. Grâce au père de la miséricorde, la sainte Sion *rechante* dans ses temples : Un Dieu seul grand.

Moult berbis égarées s'en viennent boire au ruisseau vif; trois princes et rois mettent bas le manteau de l'erreur et oyent clair en la foi de Dieu. En ce temps-là, un grand peuple de la mer reprendra vraie croyance en deux tierces parts. Dieu est encore béni pendant quatorze fois six lunes et six fois treize lunes. Dieu est saoul d'avoir baillé des miséricordes, et ce pourtant il veut pour ses bons *prolonger* la paix encore pendant dix fois douze lunes. Dieu seul est grand. Les biens sont faits, les saints vont souffrir. L'homme du mal arrive de deux sangs, prend naissance. La fleur blanche s'obscurcit pendant dix fois six lunes et six fois vingt lunes, puis disparaît pour ne plus paraître.

Moult mal, guère de bien en ce temps-là; moult villes périssent par le feu; sus donc, Israël, vient à Dieu Christ tout de bon. Sectes maudites et sectes fidèles sont en deux parts bien marquées.

Mais c'est fait; lors, Dieu seul sera cru, et la tierce part de la Gaule et encore la tierce part et demie n'a plus de croyance, comme aussi tout de même les autres gens.

Et voilà déjà six fois trois lunes et quatre fois cinq lunes que tout se sépare et le siècle de fin a commencé. Après un nombre non plein de lunes, Dieu combat par ses deux justes et l'homme du mal à le dessus. Mais c'est fait, le haut Dieu met un mur de feu qui obscurcit mon entendement et je n'y vois plus. Qu'il soit loué à jamais. — Amen !

I.

Réflexions sur cette prophétie.

Cette prophétie est si extraordinaire, elle diffère tellement des autres prédictions par la clarté des détails et des dates, par l'accomplissement évident des faits qui se sont passés et par les craintes légitimes qu'elle pourrait inspirer pour l'avenir, que la première pensée qui vient à l'esprit, après l'avoir lue, c'est qu'elle a été écrite après les événements, que c'est une œuvre postérieure à 1830. Il est certain qu'elle n'a commencé à faire du bruit et à se répandre que depuis cette époque. Mais l'incrédulité que fait naître sa première lecture, relativement à son authenticité, diminue bientôt, quand on connaît les nombreux renseignements qu'ont publiés sur cette production deux journaux estimables, le *Propagateur de la Foi* et l'*Invariable*, de Fribourg, ainsi que les savants auteurs de l'*Oracle* et de *Nostradamus*. Voici un précis de ces documents :

II.

Renseignements sur l'authenticité de la prophétie d'Orval.

Renseignements publiés par le Propagateur de la Foi (1). — « Nous avons extrait ces renseignements d'une lettre écrite le 2 juillet 1839 (de Nancy) par le plus noble et le plus consciencieux savant de la province de Lorraine. Voici ces renseignements :

« L'abbaye d'Orval (2), de l'Ordre de Cîteaux,

(1) T. v., p. 26, 137, 151.

(2) Le village d'Orval (*Aurea vallis*) dont il s'agit, est à deux lieues et demie de Montmédy (*Note du Propagateur.*)

est située dans le diocèse de Trèves, frontière du Luxembourg... Lorsque les Français révolutionnaires vinrent faire le blocus de Luxembourg, où commandait le maréchal de Bender et où s'étaient réfugiés un grand nombre d'émigrés lorrains, l'abbé d'Orval et ses moines arrivèrent dans la place avec leurs vases sacrés, leurs ornements les plus précieux et une partie de leurs *archives*, qu'ils apportèrent dans leur *Refuge*. (On appelait ainsi les maisons que les monastères des environs possédaient à Luxembourg en cas de siége.)

» Au bout de quelques jours, l'abbé, en mettant en ordre les papiers qu'il avait sauvés, trouva les *Prévisions d'un Solitaire*, imprimées en 1544 et attribuées à un moine appelé Philippe Olivarius. Il les apporta au maréchal qui, dit-on, en rit beaucoup. Mais les Français de distinction qui se trouvaient dans son salon en prirent des copies qui se répandirent dans toute la ville et au-delà.

» La mort de Louis XVI, si bien annoncée dans ces *Prévisions*, leur donna une vogue extraordinaire. Madame la comtesse Adèle de

Ficquelmont, chanoinesse de Poussai, en émigration avec son père, en entendit lire des copies chez le comte de la Tour, son oncle, depuis ministre de la guerre à Vienne. Elle épousa à son retour en France M. le comte de Monturux-Ficquelmont, et j'ai épousé sa fille cadette.

» ... Voici l'extrait d'une lettre adressée de Verdun, le 4 mars 1831, à M. de La Salle, de Nancy, chevalier de Saint-Louis, par M. l'abbé Mansuy, grand-vicaire de l'évêché de Verdun. « Quant à la prévision d'Orval, elle me fut com- » muniquée par un prêtre bien respectable qui » l'avait *vue à Orval au moment de la révo-* » *lution,* et étant encore laïque... Toutes les » personnes dont je vous parle sont dignes de » foi... »

» Lorsque nous avons eu publié dans notre quatrième volume un fragment de cette prophétie, nous nous sommes rappelé qu'un religieux, savant et noble personnage, habitant Fribourg depuis quelques années (M. le comte O'Mahoni), possédait une copie de cette prophétie, et avait recueilli avec soin des renseignements *certains* sur son authenticité.

» Répondant à une lettre que nous avons eu
l'honneur de lui écrire le 16 août, il a bien
voulu nous faire connaître le résultat de ses
exactes et minutieuses recherches relatives à
ladite prophétie. Voici un extrait de sa lettre,
datée de *Fribourg le 28 août 1839* :

»... Je ne connaissais que de nom le *Propa-*
» *gateur de la Foi.* Je ne doute pas que,
» fidèle à son titre, il ne contribue à répandre
» la *vraie* lumière dans notre siècle de té-
» nèbres, et je fais des vœux pour son succès.

» J'ai cherché à la page indiquée le fragment
» que vous avez donné de la prédiction d'Or-
» val. Je regrette que des circonstances ne
» vous aient pas permis de la publier entière.
» Il y a aussi, dans votre texte, quelques in-
» exactitudes, très-peu importantes quant au
» sens, mais qui cependant doivent être recti-
» fiées. Dans ce but, je vous enverrai incessam-
» ment cette pièce dans *toute sa pureté,* car
» j'ai fait, à cet égard, d'exactes et minutieuses
» recherches, et je crois avoir acquis la plus
» haute certitude *humaine* possible de son
» authenticité. J'ai comparé des copies venues

» de lieux différents, de personnes inconnues
» les unes aux autres; j'ai recueilli les témoi-
» gnages les plus respectables et les plus *divers*,
» et tout s'est trouvé d'accord pour me con-
» vaincre. »

» A ce témoignage, qui en résume beaucoup
d'autres, dit le *Propagateur*, et qui est pour
nous d'un grand poids, nous ajoutons ceux qui
nous sont parvenus d'ailleurs.

» Nous pouvons affirmer que la *prophétie
d'Orval* est connue :

» Depuis la fin du siècle dernier, de la famille T..., de Verdun;

» Depuis une époque presque aussi éloignée, du père G..., provincial d'un ordre religieux;

» Depuis près de vingt ans, de M. de C...,
de Metz;

» Depuis très-longtemps, de l'évêché de
Verdun, et notamment de messieurs les grands-
vicaires;

» Depuis 1811, d'un ecclésiastique vénérable, selon l'affirmation qu'il en a donnée à un
illustre personnage. »

Renseignements publiés par l'Invariable, de Fribourg, journal rédigé par M. le comte de O'Mahoni (1) : « Nous dirons franchement
» (c'est l'*Invariable* qui parle) que si des jour-
» naux de France n'avaient pas pris l'initiative
» de cette publication, et si nous n'étions pas
» maintenant assurés de son utilité par l'im-
» pression qu'elle a déjà produite, peut-être
» n'aurions-nous pas osé assumer la respon-
» sabilité de *premier éditeur*. Et la preuve
» de notre réserve à cet égard, c'est que nous
» connaissions cette prédiction depuis long-
» temps, depuis plus longtemps même que le
» journal qui vient de la publier; c'est que,
» quelque respectable que fût la source pre-
» mière d'où nous la tenions, et malgré le ca-
» ractère frappant d'inspiration qu'elle présente,
» nous avons depuis plusieurs années, directe-
» ment et indirectement, en France et à l'é-
» tranger, recueilli, sur son authenticité, le
» témoignage d'hommes pieux, éclairés, dignes
» de foi, quelques-uns même très-éminents

(1) Tome XIII.

» dans l'Eglise, et qui tous nous ont affirmé
» connaître cette prédiction, dix, vingt, trente
» ans même avant les événements qu'elle an-
» nonçait si clairement, et que nous avons vus,
» en partie, s'accomplir. Et si nous ne nom-
» mons pas les personnes de qui nous tenons
» ces copies ou ces témoignages, c'est qu'il
» nous semblerait inconvenant de le faire sans
» leur en avoir demandé et en avoir obtenu
» l'autorisation. »

*Renseignements donnés par M. Dujardin,
dans l'Oracle.* — Un juge de la connaissance
de M. Dujardin écrivit à M. Mansuy, cité par le
Propagateur de la Foi, pour savoir s'il avait
bien réellement donné, sur la prophétie d'Orval,
les renseignements publiés par ce journal. Voici
la réponse de ce respectable ecclésiastique :

« *Verdun-sur-Meuse, le 25 novembre 1839.*

» Il est vrai, et très-vrai, Monsieur, que j'ai
» entendu raconter souvent, depuis 1810, alors
» que j'étais vicaire à Verdun, jusqu'en 1823,

» que j'y étais supérieur du séminaire, les
» événements annoncés dans les *Prévisions*
» *d'Orval*, par un magistrat qui, veuf, se fit
» prêtre en 1817 et mourut chanoine de Verdun
» en 1823. (Il s'agit de M. Lagrelette.) Un de
» ses amis, aussi pieux que lui et juge à Va-
» rennes, avait lu la pièce à Orval même, en
» 1792, et lui en avait rapporté tous les points
» les plus remarquables, qu'il nous racontait
» sans en avoir tiré de copie... D'autres avaient
» fait des copies de la *Prévision*, etc...

» Signé : MANSUY, *chanoine doyen.* »

M. Dujardin, qui s'est occupé avec beaucoup
de zèle de rechercher tout ce qui peut établir
l'authenticité des prévisions du solitaire d'Orval,
a reçu, entre autres documents, un long mémoire que lui a adressé de L... un M. de L... Ce
monsieur, dont le nom est connu de M. Dujardin, a copié cette prophétie en novembre 1831.
Elle lui avait été communiquée par un chanoine
arrivant de Bar-le-Duc, où elle était connue de
plusieurs personnes depuis 1816. M. L... écrivit au curé de M..., ville voisine du lieu où était
Orval : celui-ci lui répondit le 4 avril 1835, après
avoir fait de nombreuses recherches : « Il est
» certain et hors de doute que les prévisions
» d'un solitaire, telles que vous les connaissez,
» ont été copiées dans l'abbaye d'Orval avant la
» Révolution française, c'est-à-dire avant 1790.
» Elles ont été présentées et lues dans l'abbaye
» même à cette époque. M. le baron de Manou-
» ville, homme de sens et de religion, atteste
» les y avoir lues alors, sans y attacher l'impor-
» tance qu'il y a reconnue depuis. Des dames
» émigrées en ont eu connaissance aussi dans
» leur exil. Bien des ecclésiastiques , entre

» autres M. le curé de S..., en ont certainement
» eu connaissance avant la Révolution de 1830.
» IL RESTE DONC BIEN ÉTABLI QUE CETTE PRO-
» PHÉTIE, *telle qu'elle est connue aujour-*
» *d'hui*, REMONTE A UNE ÉPOQUE PLUS RECULÉE
» *que les faits qu'elle précise d'une manière*
» *si claire qu'elle paraîtrait avoir été faite*
« *après l'événement, et qu'en conséquence un*
» *esprit sage et judicieux peut y ajouter foi*
» *pleine et entière...* »

M. de L... écrivit aussi à M. le curé de Sedan,
qui passait pour connaître depuis longtemps la
prophétie d'Orval. Cet ecclésiastique lui répondit
le 26 juin 1839 : « J'ai entendu souvent parler
» de ces *Prévisions*, MÊME PENDANT MON ÉMI-
» GRATION, sans en avoir vu le texte. *Ce n'est*
» *que sous la Restauration qu'il m'a été com-*
» *muniqué*, comprenant tout ce qui regarde le
» règne de Napoléon, le retour des Bourbons, leur
» départ, et tout le reste, jusqu'à l'apparition
» de l'Ante-Christ. Orval, où j'ai passé quelques
» instants avant la première Révolution, n'est
» qu'à six lieues d'ici; j'ai eu occasion d'y re-
» tourner pour en voir les ruines, qui m'ont

» fait reculer d'horreur, *et me suis trouvé à*
» *portée de prendre tous les documents*
» *relatifs à cette pièce si intéressante. Je*
» *suis assuré que les personnages les plus*
» *considérables et les plus dignes de foi*
» *dans nos contrées et ailleurs y ont la*
» *plus grande confiance,* QUE JE PARTAGE MOI-
» MÊME. »

Enfin M. Dujardin, en publiant séparément,
le 16 janvier dernier, la prophétie d'Orval,
l'a fait précéder d'un avertissement ainsi
conçu :

« Une personne infiniment respectable, que
nous ne pouvons nommer, possède, depuis
1823, cette PROPHÉTIE, qu'elle a extraite ELLE-
MÊME d'un petit livre IMPRIMÉ à *Luxembourg*,
portant la date de 1544. Elle ne l'a copiée qu'à
commencer de ces mots : *Un jeune homme
venu d'outre-mer*, parce que les feuillets qui
précédaient étaient tellement altérés, qu'ils
étaient entièrement illisibles en beaucoup d'en-
droits. »

Ces mots paraissaient en contradiction avec ce
que dit M. Dujardin un peu plus haut (page 70).

« Ce livre, dont nous ne pouvons reproduire
» que la fin, ne se trouve plus; il gît peut-être
» dans la poussière de quelque bibliothèque. »
Comment ce livre ne se trouverait-il plus, s'il a
été copié en 1823? La personne respectable qui
l'a eu entre les mains doit le posséder encore;
ou s'il ne lui appartenait pas, elle doit se rappeler la personne ou la bibliothèque à laquelle
elle l'avait emprunté. Nous espérons que dans
une prochaine édition de son livre, M. Dujardin,
continuant ses intéressantes recherches, répondra à ces questions, qui sont du plus haut
intérêt. Un seul exemplaire retrouvé du recueil
imprimé à Luxembourg en 1544 dispenserait
d'une foule de témoignages laborieusement recueillis et qui, malgré leur importance et leur
gravité, ne peuvent jamais égaler la vue de l'ouvrage original. Nous nous proposons de notre
côté de ne rien négliger pour arriver au même
résultat. Les personnes qui voudront faire des
recherches sur cette prophétie, devront se rappeler l'avertissement que donne M. Dujardin à
la fin de l'*Oracle*, savoir : que la personne qui
a copié en 1823 cette prophétie sur un exem-

plaire de l'édition publiée à Luxembourg en 1544, a déclaré que ce livre était un recueil de diverses prophéties, principalement sur l'Allemagne, et sans nom d'auteur.

PROPHÉTIE PRUSSIENNE.

Peu de temps après la découverte de l'imprimerie, dit le docteur Alberti, parut en Allemagne un livre dont il serait, à coup sûr, difficile de trouver plusieurs exemplaires, la « *Sancta Sybilla.* »

Voici la prédiction qu'il contient :

« Un jour viendra, dit la « *Sancta Sybilla,* » où le luxe sera tellement grand, que les porteuses de lait porteront des tabliers de soie.

» En ce temps-là, il n'y aura plus de distance; on se parlera d'un bout à l'autre du monde en une minute, et on se répondra à la même minute.

» Les plus lourdes voitures marcheront sans chevaux.

» Les plus gros bateaux remonteront les fleuves sans le secours des chevaux ni d'aucune force humaine.

» En ce temps-là, il y aura un roi du Nord qui porte sur la tête une corne, devant et derrière une visière.

» Ce roi aura une guerre avec un autre roi du Nord, le battra et lui prendra une partie de son royaume.

» L'ambition de cet homme ne s'arrêtera pas là, il voudra devenir empereur d'Allemagne; mais sa grandeur sera de peu de durée, car, à peu près cinq ans après, ce même roi aura une guerre avec un autre roi du Nord qui s'appellera Appolonin. Celui-ci le battra, le défera complétement et détruira son armée, au point qu'elle pourra camper sous le poirier de Lindenbourg-heirath. »

La « *Sancta Sybilla* » ajoute :

« Cette guerre sera la ruine...; il y aura un empereur d'Allemagne, mais ce ne sera pas lui. Je ne puis dire qui il est, son visage m'est caché par un voile. »

PRÉDICTION

DU CARDINAL D'AILLY.

Le cardinal d'Ailly, qui s'occupait beaucoup d'astrologie, a composé sur ce sujet un ouvrage curieux, qui a pour titre : *Tractatus de concordiâ astronomiæ cum theologiâ* (1490). Ce savant et vertueux prélat avait annoncé la révolution de 1789. Le *Journal des Débats*, du 8 janvier 1840, s'exprime ainsi à ce sujet :

« Il faut appliquer cette remarque du bon sens antique à la bizarre coïncidence qu'a découverte M. Ideler, de Berlin, en calculant, à la prière de M. de Humboldt, quelles années de notre ère répondaient aux grandes conjonctions de Saturne indiquées par le cardinal d'Ailly dans ses *Tables alphonsines,* comme devant amener des événements extraordinaires. M. Ideler, en ayant soin de se servir de la première édition imprimée à Venise en 1492, y voit qu'une des grandes périodes de Saturne devait être accomplie en l'année qui répond à MIL SEPT CENT QUATRE-VINGT-NEUF. Le cardinal d'Ailly, qui écrivait en 1414, dit, au sujet de la conjonction de Saturne pour 1789 : « *Si le monde vit jusque-là, ce que Dieu seul sait, il y aura alors de grandes et nombreuses vicissitudes et des révolutions étonnantes, surtout dans les lois. (Si mundus usque ad illa tempora duraverit, quod solus Deus novit, multæ tunc, magnæ et mirabiles alterationes mundi et mutationes futuræ sunt et maximè circà leges.)* » M. de Humboldt, en citant cette coïncidence accidentelle, se demande si cette prédiction d'une révolution qui occupe une si grande place dans l'histoire du genre humain, a déjà été signalée par ceux qui se plaisent, de nos jours, à tout ce qui est mystique et ténébreux. Comme nous pensons, dit le rédacteur du *Journal des Débats,* qu'il

ne l'a pas encore été ailleurs que dans son savant ouvrage, nous la consignons ici comme une
chose curieuse en ce moment de recrudescence
prophétique. »

PRÉDICTION DE JEAN MULLER

(REGIOMONTANUS)

Évêque de Ratisbonne et célèbre mathématicien.

1476

————

« Post mille expletos a partu virginis annos,
Et septingentos rursus abire datos,
Octuagesimus octavus, mirabilis annus,
Ingruet, et secunt tristia fata feret,
Si non hoc anno totus *malus occidet orbis*.
Si non in nihilum terra fretumque ruet,
Cuncta tamen mundi sursum ibunt atque deorsum
Imperia et *luetus undique grandis erit*. »

C'est-à-dire : « Après *mille* ans accomplis
» depuis l'enfantement de la Vierge, et que, de
» plus, *sept cents* ans se seront écoulés, la

» *quatre-vingt-huitième* année sera une année
» bien étonnante, et entraînera avec elle de
» tristes destinées. Dans cette année, si toute
» la race perverse n'est pas frappée de mort, si
» la terre et la mer ne se précipitent pas dans
» le néant, du moins tous les empires du monde
» seront bouleversés, et il y aura de toutes parts
» un grand deuil. »

PROPHÉTIE

SUR LA SUCCESSION DES PAPES

ATTRIBUÉE A SAINT MALACHIE.

1595.

On a attribué à saint Malachie une prophétie sur la succession des papes, que beaucoup de critiques regardent comme n'étant point émanée de ce saint. Ils se fondent sur ce que saint Bernard, qui a écrit la vie de saint Malachie, et Ange Manrique, qui a rédigé les annales de Cîteaux et qui dit avoir eu en sa possession tous les papiers du saint, ne disent rien de cette prophétie. Le P. Ménestrier l'attribue à un moine du Mont-Cassin, nommé Arnold de Vion, qui la publia en 159

3.

Cette prédiction désigne par une qualité tous les papes qui doivent se succéder sur le siége de saint Pierre, depuis 1700 jusqu'à la fin du monde. Le titre donné à certains papes s'accorde si bien avec leur vie, que cette prédiction jouit depuis longtemps d'une grande vogue.

1700. *Flores circumdati.*
Les fleurs environnées. Clément XI.
Il avait les fleurs de l'éloquence en particulier, et était de l'académie de la reine Christine de Suède.

1721. *De bona religione.*
De la bonne religion. Innocent XIII.

1724. *Miles in bello.*
Soldat à la guerre. Benoît XIII.

1730. *Columna excelsa.*
Une colonne élevée. Clément XII.

1740. *Animal rurale.*
L'animal de la campagne. Benoît XIV.

1758. 1. *Rosa umbria.*
La rose de Toscane. Clément XIII.

1769. 2. *Visus velox vel ursus velox.*
La vue perçante, ou l'ours léger.
Clément XIV.

1775. 3. *Peregrinus apostolicus.*
Le pèlerin apostolique. Pie VI.

1800. 4. *Aquila rapax.*
L'aigle ravisseur. Pie VII.

1823. 5. *Canis et coluber.*
Le chien et le serpent. Léon XII.

1829. 6. *Vir religiosus.*
L'homme religieux. Pie VIII.

1831. 7. *De balneis Etruriæ.*
Des bains de Toscane. Grégoire XVI.

1846. 8. *Crux de cruce.*
La croix de la croix. Pie IX.

9. *Lumen in cælo.*
La lumière dans le ciel.

10. *Ignis ardens !*
Le feu ardent.

11. *Religio depopulata.*
La religion dépeuplée.

12. *Fides intrepida.*
La foi intrépide.

13. *Pastor angelicus.*
Le pasteur angélique.

14. *Pastor et nauta.*
Pasteur et marinier.

15. *Flos florum.*
La fleur des fleurs.

16. *De medietate lunæ.*
De la moitié de la lu..e.

17. *De labore solis.*
Du travail du soleil.

18. *De Gloria olivæ.*
De la gloire de l'olive.

In persecutione extrema romanæ Ecclesiæ sedebit Petrus romanus, qui pascet oves in multis tribulationibus, quibus transactis, civitas septicollis diruetur, et judex tremendus judicabit populum.

Dans la dernière persécution de la sainte Eglise romaine, il y aura un Pierre romain élevé au pontificat : celui-là paîtra ses brebis au milieu de grandes tribulations; et ce temps fâcheux étant passé, la ville aux sept montagnes sera détruite, et le juge redoutable jugera le monde.

PRÉDICTION

D'UNE RELIGIEUSE DE BELLEY

FRAGMENT (1).

« ..... Alors Dieu détourne sa main de celui qui aura signé ces arrêts injustes (2), et le jour de la fête des siens son exil sera décidé. Les méchants triompheront; la Seine chariera des cadavres; le sang coulera sur et sous les pierres

(1) Prophéties d'une religieuse de Belley publiées par *M. de la Marne*, Paris, chez Hivert, quai des Augustins; — et *Demonville*. Exposé des différentes prédictions sur l'avénement du pontife saint et du monarque fort, p. 31, 1832, Paris.

(2) Expulsion des Jésuites.

de la grande Ville; des femmes, des enfants
périront. Ceci arrivera avant la fin de juillet
1830.

» Et pendant le mois d'août une branche
glorieuse des Bourbons sera coupée; un Bour-
bon doit périr; un autre avant sera élevé...

» Avant la fin de l'année il tremblera; ceux
qui l'auront élevé tressailleront.

» Je vois la faim les poursuivre et du sang
couler. Des drapeaux funèbres s'élèvent; tout
est perdu pour eux.

» Ils semblent triompher encore les insensés;
ils se rient de Dieu.

» Les temples sont fermés; les ministres divins fuient; le grand sacrifice cesse.

» Malheur! malheur à la cité corrompue!

» Un nouvel an paraît. Le grand Pontife
meurt.

» Ils ne s'entendent plus. Fuyez, enfants de
Dieu! fuyez! le jour des morts est arrivé!

» Des cris retentissent de toutes parts. Vive
la République! Vive Napoléon! Vive Henri! Vive
Louis! Quelle confusion! Le feu, le sang, la
faim, tout l'enfer!

» Malheur! malheur, trois fois malheur à la cité de sang! malheur à la cité de l'hérésie! malheur à la cité du crime!

» Les-méchants veulent tout détruire; leurs livres, leur doctrine inondent le monde.

» Le jour de la justice est venu. Je vois, à l'aspect de celui qu'on a méconnu, le monde fléchir et tomber.

» Une femme l'a sauvé, une femme le suit. Un ministre du Très-Haut le soutient. Ce ministre vient d'être oint de l'huile sainte; Dieu les accompagne; voilà votre Roi.

» Il paraît au milieu de la confusion de l'orage. Quel affreux moment! les bons, les méchants tombent. Babylone est réduite en cendres. Malheur à toi, ville maudite!

« Je vis alors les clés lumineuses paraître vers le Nord. Un *saint* lève les mains au ciel; il apaise la colère divine.

» Il monte sur le trône de saint Pierre. »

« Le *grand monarque* monte sur celui de ses pères; le trône est posé au Midi.

» Tout s'apaise à leur voix. Les autels se relèvent. La religion renait, les méchants sont détruits et confondus, les injustices se réparent. Le grand monarque de sa main réparatrice a tout sauvé.

» Il ne fait que passer, sa gloire est courte.

» Il est né dans le malheur.

» En l'an 1870, l'enfant de l'exil lui succède ; la paix alors sera donnée à la France.

» Mais la fin des temps ne sera pas éloignée. »

PRÉDICTION

D'UN MOINE DE PADOUE (1)

Du commencement du XVIe siècle.

On lit dans une chronique du commencement du XVIe siècle, conservée à Milan à la Bibliothèque ambroisienne, des prédictions dont une copie fut prise en 1809 par un Français attaché au prince Eugène de Beauharnais. En voici un fragment relatif à Henri IV et à l'un de ses successeurs :

« Et y cettuy lo qu'il sera le quartième dé-
» nommé roy du nom de Henricus, tout menu

(1) *Gazette de France* du 19 juillet 1849.

» infantule, gentil, adviendra au magnerand
» prognostyqué en sa lignée de parantelle. Et
» quart Henricus recueillera lance et mousques-
» ton du tierce Henricus avecque coronne, de
» lys adornementée. Vascon né, a toujiours
» Vascon gaudire siens, grands, nobles et vi-
» lains ; courtisannera Venus chez echoppiers
» et en palais, voire que adoncques ne sera vist
» un homo pareille de galantise et prédomi-
» nance en gloire et joyeuseté.

» La Gallie, grand engins verra emoulvoir et
» les Hippaniens... » (Ici il manque à la chronique quelques mots effacés par le temps.) « Et
» aux Angles amytueux se montrera en guerre
» à l'endroit de leur royne. Et quand aura esté
» tant si moult ayncy que oncques ne se veist
» roy aymé, occis sera en magnissime deuil de
» tous et ung chacung.

» L'autre du mesme nom de Henricus, grand
» aieul à lui moult remembrera après que dix
» fois, dix fois deux ans et plus, voyra Gallie
» et populus d'icelle conclutinés es mains aux
» magnes ebaïssemens de joyes aux Asiatiques
» et Europeans. »

Telles sont les lignes consignées, il y a plus de deux siècles, par un moine de Padoue dans un manuscrit que l'on peut rechercher au catalogue de la Bibliothèque ambroisienne.

PRÉDICTION

DE LICHTENBERGER

(1526).

———◦◦◦———

Veniet aquila a parte orientali, alis suis super solem extensis, cum magna multitudine pullorum suorum in adjutorium filii hominis. Tunc castra destruentur, timor magnus erit in mundo. Illâ die in quàdam parte Leonis erit bellum inter principes crudeliùs quàm unquàm ad diem alium viderunt homines, et erit sanguinis diluvium.

Perdet Lilium coronam, quam accipiat aquila, de quâ post modum filius hominis coronabitur, etc.

4

Per quatuor annos sequentes erunt prælia multa in mundo, mala inter fidem sectantes. Et hoc tempore erunt tradenda omnia, major pars mundi destruetur. Caput mundi erit in terrâ destructum. Tunc filius hominis, transiens aquas, portabit signum mirabile ad terram promissionis. Et filius hominis, et aquila prævalebunt, et pax erit in toto orbe terrarum, et copia frugum.

Traduction. — « Un empereur (1) suivi d'une multitude d'hommes viendra du côté de l'Orient, ses ailes étendues sur le soleil, pour aider le fils de l'homme. Alors on détruira les forteresses, et une grande terreur se répandra parmi le monde. Il s'élèvera dans une partie de la Flandre (2) une guerre plus cruelle que toutes les guerres du passé, et il y aura un déluge de sang.

(1) Dans la clef des mots symboliques, Lichtenberger indique le mot *aquila* comme signifiant empereur.

(2) *Leo,* la Flandre.

» Le roi des Français (1) perdra sa couronne; l'empereur la recevra, et quelque temps après, on la placera sur la tête du fils de l'homme (2).

» Pendant les quatre années suivantes, les nations se livreront de nombreux combats; des querelles s'élèveront parmi les sectaires de la foi, et une grande partie du monde sera détruite. La papauté s'écroulera. Alors le fils de l'homme, traversant les mers, portera le signe merveilleux à la terre de promission. L'empereur et le fils de l'homme étant devenus vainqueurs, feront régner la paix dans tout l'univers. »

(1) *Lilium*, le lis, le roi de France, qui a le lis pour emblème.

(2) Lichtenberger, quoique donnant plusieurs significations du *filius hominis,* ne nous dit pas quel est ce dernier *fils de l'homme.*

PROPHÉTIE DU R. P. NECKTOU

Publiée le 8 août 1848.

Le P. Necktou prévoit une conflagration (1) qui amènera la destruction de Paris et qui sera suivie du triomphe de l'Eglise. Ce triomphe sera tel qu'il n'y en aura plus d'aussi grand.

« On sera près de cet événement (*de ce triomphe*), dit-il, lorsque l'Angleterre commencera à s'ébranler; et on le saura à ce signe comme on sait que l'été approche quand les feuilles du figuier commencent à reverdir. L'Angleterre éprouvera à son tour une révolution plus affreuse que la première Révolution française, et

(1) Cette conflagration sera postérieure, semble-t-il, à celle à laquelle nous assistons.

cette Révolution durera assez longtemps pour donner à la France le temps de se rasseoir; et ce sera la France qui aidera l'Angleterre à rentrer dans la paix.

PROPHÉTIE

DU FRÈRE HERMAN DE LEHNIN

Religieux de l'Ordre de Citeaux

(XIIIe SIÈCLE).

Celte prophétie, qui a été publiée en 1722 et en 1846, prédit le sort de la monarchie prussienne. Après avoir prédit les événements jusqu'au roi Frédéric-Guillaume III, fils de Frédéric-Guillaume II, qu'il désigne par les termes de *onzième génération*, elle arrive à la douzième génération, Frédéric-Guillaume IV, roi actuel de Prusse, et s'exprime ainsi :

1. Enfin celui-là porte le sceptre qui sera le dernier de sa race.

2. Israël ose commettre un forfait d'une atrocité inexprimable et que la mort doit expier.

3. Le pasteur recouvre son troupeau et la Germanie un chef.

Les lettres que nous reproduisons ici ont été écrites en l'année 1842; elles sont de Marie Lataste, pauvre fille des champs qui est morte en 1847 sœur coadjutrice du Sacré-Cœur.

––––––––––

MONSIEUR LE CURÉ (1),

C'est toujours avec cette confiance que m'inspire votre charité et ma qualité de votre enfant en le Sauveur Jésus que je vous communique, selon votre désir, tout ce que j'éprouve.

Voici ce que me dit dimanche dernier, après la sainte communion, le Sauveur Jésus : « Ma fille, je suis le maître de ma parole. Je dis tout ce que je veux, quand je veux, à qui je veux, et nul

(1) Son confesseur et directeur.

n'a le droit de m'interpeller ainsi : Pourquoi, Seigneur, parlez-vous de cette sorte? Pourquoi de semblables entretiens? Je sais faire tourner tout à ma gloire et à l'économie de ma providence sur une âme en particulier comme sur le monde entier. Aujourd'hui je veux vous parler de votre patrie. Je vous ai entretenue plusieurs fois de la France, mais je ne vous ai point dit encore ce qu'elle était ni comment elle agissait. Écoutez.

» Le premier roi, le premier souverain de la France, c'est moi. Je suis maître de tous les peuples, de toutes les nations, de tous les royaumes, de tous les empires, de toutes les dominations; je suis particulièrement le maître de la France. Je lui donne prospérité, grandeur et puissance au-dessus de toutes les autres nations, quand elle est fidèle à écouter ma voix. J'élève ses princes au-dessus de tous les autres princes du monde quand ils sont fidèles à écouter ma voix. Je bénis ses populations plus que toutes les autres populations de la terre quand elles sont fidèles à écouter ma voix. J'ai choisi la France pour la donner à mon Église comme sa fille de prédilection. A peine avait-elle plié sa tête sous mon joug qui est suave et léger, à peine avait-elle senti le sang de mon cœur tomber sur son cœur pour la régénérer, pour la dépouiller de sa barbarie et lui communiquer ma douceur et ma charité, qu'elle devint l'espoir de mes Pontifes, et bientôt après leur défense et leur soutien. Ils lui donnèrent le nom bien mérité de *Fille aînée de l'Eglise*. Or, vous le savez, tout ce qu'on fait à mon Eglise, je le regarde comme fait à moi-même. Si on l'honore, je suis honoré en elle; si on la défend, je suis défendu en elle; si on la persécute, je suis persécuté en elle; si on la trahit, je suis trahi en elle; si on répand son sang, c'est mon sang qui coule de ses veines. Eh bien ! ma fille, je le dis à l'honneur, à la gloire de votre patrie : pendant des siècles la France a défendu, protégé mon Eglise; elle a été mon instrument plein de vie, le rempart indescriptible et visible que je lui donnais pour la protéger contre ses ennemis. Du haut du ciel, j'avais mon œil sur la France et je la protégeais; je la bénissais, elle, ses rois et leurs sujets. Que de grands hommes elle a produits, c'est-à-dire que de saints dans toutes les conditions, sur le trône comme dans les humbles chaumières! Que de grands hommes elle a produits, c'est-à-dire que d'intelligences amies de l'ordre et de la vérité! Que de grands hommes elle a produits, c'est-à-dire que d'âmes embrasées du feu brûlant de la charité! C'est moi qui lui ai donné ces hommes qui feront sa gloire à jamais.

« Ma générosité n'est point épuisée pour la France; j'ai les mains pleines de grâces et de bienfaits que je voudrais répandre sur elle. Pourquoi a-t-il fallu, faut-il encore et faudra-t-il donc que je les arme de la verge de ma justice?

» Quel esprit de folle liberté a remplacé dans son cœur l'esprit de la seule liberté véritable, descendue du ciel, qui est la soumission à la volonté de Dieu! Quel esprit d'égoïsme sec et plein de froideur a remplacé dans son cœur l'esprit ardent de la charité descendue du ciel, qui est l'amour de Dieu et du prochain! Quel esprit de manœuvres injustes et de politique mensongère a remplacé dans son cœur la noblesse de sa conduite et la droiture de sa parole, conduite et parole autrefois dirigées par la vérité descendue du ciel, qui est Dieu lui-même !

» Je vois encore, je verrai toujours dans le royaume de France des hommes soumis à ma volonté, des hommes enflammés de charité, des hommes amis de la vérité ; mais à cette heure, ma fille, le nombre en est petit. Aussi elle brise le trône de ses rois, exile, rappelle, exile encore ses monarques, souffle sur eux le vent des tempêtes révolutionnaires, et les fait disparaître comme les passagers d'un navire englouti dans les abîmes de l'Océan. A peine leur reste-t-il dans ce naufrage une planche de salut qui les mène quelquefois au rivage. Je lui ai suscité des rois ; elle en a choisi d'autres à son gré. N'a-t-elle point vu, ne voit-elle pas que je me sers même de sa volonté pour la punir, pour lui faire lever les yeux vers moi ? Ne trouve-t-elle pas aujourd'hui le joug de son roi pénible et onéreux ? Ne se sent-elle pas humiliée devant les nations ? Ne voit-elle pas la division parmi les esprits de ses populations ? Elle n'est point en paix. Tout est dans le silence à la surface ; mais tout gronde, tout mugit, tout fermente en dessous, dans le peuple, dans ceux qui se trouvent immédiatement au-dessus du peuple, comme parmi les grands. L'injustice marche tête levée et semble être revêtue d'autorité ; elle n'a pas d'obstacle, elle agit comme elle veut agir. L'impiété fait ses préparatifs pour dresser son front orgueilleux et superbe dans un temps qu'elle ne croit pas éloigné et qu'elle veut hâter de tout son pouvoir. Mais, en vérité, je vous le dis, l'impiété sera renversée, ses projets dissipés, ses desseins réduits à néant à l'heure où elle les croira accomplis et exécutés pour toujours.

» France ! France ! combien tu es ingénieuse pour irriter et pour calmer la justice de Dieu ! Si tes crimes font tomber sur toi les châtiments du ciel, ta vertu de charité criera vers le ciel : Miséricorde et pitié, Seigneur ! Il te sera donné, ô France ! de voir les jugements de ma justice irritée, dans un temps qui te sera manifesté et que tu connaîtras sans crainte d'erreur ; mais tu connaîtras aussi les jugements de ma compassion et de ma miséricorde, et tu diras : Louange et remerciment, amour et reconnaissance à Dieu, à jamais, dans les siècles et dans l'éternité !

» Oui, ma fille, au souffle qui sortira de ma bouche, les hommes, leurs pensées, leurs projets, leurs travaux disparaîtront comme la fumée dissipée par le vent.

» Ce qui a été pris sera rejeté ; ce qui a été jeté sera pris de nouveau. Ce qui a été aimé et estimé sera détesté et méprisé ; ce qui a été méprisé et détesté sera de nouveau estimé et aimé.

» Quelquefois un vieil arbre est coupé dans une forêt, il ne reste plus que le tronc ; mais un rejeton pousse au printemps, et les années le développent et le font grandir ; il devient lui-même un arbre magnifique, l'honneur de la forêt.

» Priez pour la France, ma fille ; priez beaucoup, ne cessez point de prier. »

Autre lettre.

... Un jour de la fête de l'Immaculée-Conception, j'étais venue prier devant l'autel de Marie longtemps avant la célébration de la sainte messe. J'avais rendu mes hommages à Marie conçue sans péché ; j'avais félicité Notre-Seigneur Jésus-Christ d'avoir une créature si privilégiée pour mère. Je m'associai de tout cœur à la croyance de l'Eglise, et m'unis à tous les fidèles qui, en ce jour, rendaient honneur à Marie. J'eus le plaisir de communier. Quand Jésus fut dans mon cœur, il me dit ainsi : « Ma fille, vos hommages ont été agréés par ma Mère et aussi par moi. Je veux vous remercier et vous récompenser de votre piété par une nouvelle qui vous fera plaisir. Le jour va venir où le ciel et la terre se concerteront ensemble pour donner à ma Mère ce qui lui est dû dans la plus grande de ses prérogatives. Le péché n'a jamais été en elle, et sa conception a été pure et sans tache et immaculée comme le reste de sa vie. Je veux que sur la terre cette vérité soit proclamée et reconnue par tous les chrétiens. Je me suis élu un pape et j'ai soufflé dans son cœur cette résolution. Il aura dans sa tête cette pensée toujours, pendant qu'il sera pape. Il réunira les évêques du monde pour entendre leur voix proclamer Marie immaculée dans sa conception, et toutes les voix se réuniront dans sa voix. Sa voix proclamera la croyance des autres voix et retentira dans le monde entier. Alors, sur la terre, rien ne manquera à l'honneur de ma Mère. Les puissances infernales et leurs suppôts s'élèveront contre cette gloire de Marie ; mais Dieu la soutiendra de sa force, et les puissances infernales rentreront dans leur abîme avec leurs suppôts. Ma Mère apparaîtra au monde sur un piédestal solide et *inrenversable*; ses pieds seront de l'or le plus pur, ses mains comme de la cire blanche fondue, son visage comme un soleil, son cœur comme une fournaise ardente; une épée sortira de sa bouche et renversera ses ennemis et les ennemis de ceux qui l'aiment et l'ont proclamée sans tache.

» Ceux de l'Orient l'appelleront *la Rose mystique* et ceux du Nouveau-Monde *la Femme forte*. Elle portera sur son front, écrit en caractères de feu : « Je suis la ville du Seigneur, la » protectrice des opprimés, la consolatrice des » affligés, le rempart contre les ennemis. » Or, l'affliction viendra sur la terre, l'oppression régnera dans la cité que j'aime et où j'ai laissé mon cœur ; elle sera dans la tristesse et la désolation, environnée d'ennemis de toutes parts, comme un oiseau pris dans les filets. Cette cité paraîtra succomber pendant (trois ans) (1) et un peu de temps encore après ces trois ans. Mais ma Mère descendra dans la cité ; elle prendra les mains du vieillard assis sur un trône et lui dira : « Voici l'heure, lève-toi. Regarde tes » ennemis, je les fais disparaître les uns après » les autres, et ils disparaissent pour toujours. » Tu m'as rendu gloire au ciel et sur la terre,

(1) Le texte n'a pas ces deux mots, qui ont évidemment été omis, comme l'indique la fin de la phrase. Ces trois ans remontent sans doute à l'origine de l'agression garibaldienne, appuyée presque ouvertement par le gouvernement italien, en septembre 1867.

» je veux te rendre gloire sur la terre et au ciel.
» Vois les hommes, ils sont en vénération devant
» ton nom, en vénération devant ton courage,
» en vénération devant ta puissance. Tu vivras,
» et je vivrai avec toi. Vieillard, sèche tes lar-
» mes, je te bénis. »

» La paix reviendra dans le monde, parce que
Marie soufflera sur les tempêtes et les apaisera;
son nom sera loué, béni, exalté à jamais. Les
captifs reconnaîtront lui devoir leur liberté, et
les exilés la patrie, et les malheureux la tranquillité et le bonheur. Il y aura entre elle et tous
ses protégés un échange mutuel de prières et de
grâces, et d'amour et d'affection, et de l'Orient
au Midi, du Nord au couchant, tout proclamera
Marie, Marie conçue sans péché, Marie reine
de la terre et des cieux. » *Amen.*

(*La Vie et les OEuvres de Marie Lataste,*
2ᵉ éd., t. II et III.)

— Un religieux bénédictin de Saint-Guillaume, au couvent de *Monte Vergine*, près Naples, ami du roi, très-connu et estimé dans le pays, fut, à l'époque de l'invasion des garibaldiens, l'objet de leur poursuite acharnée. Atteint par eux dans son couvent, couvert de blessures mortelles, percé de sept balles, dont quatre sont restées dans son corps, il fut sauvé miraculeusement. Un religieux de Lyon eut occasion dernièrement de voir ce saint homme, et lui demanda ce qu'il pensait des choses actuelles ; il lui répondit avec l'assurance la plus positive que ces douloureux événements se termineraient bien plus tôt qu'on ne le pensait, qu'il savait que tout serait fini vers le commencement de novembre, qu'il était entièrement persuadé que la France sortirait triomphante de cette terrible épreuve.

UNE VIEILLE PROPHÉTIE.

Nous trouvons dans un journal de province le texte d'une vieille prophétie, qui nous était complétement inconnue et que nous n'avons rencontrée dans aucun recueil :

« MONSIEUR,

» Permettez-moi de vous donner connaissance d'une vieille prophétie concernant la deuxième moitié du XIXᵉ siècle, que j'ai trouvée dans une bibliothèque dont j'ai hérité il y a six mois et que je n'avais pas encore entièrement fouillée.

» Cette prophétie est de nature à intéresser vivement vos lecteurs. J'en extrais les passages les plus saillants : Et d'abord, en ce qui concerne la première moitié du XIXe siècle, la prophétie dit qu'en ajoutant deux semaines d'années (14 ans) à la première année du siècle (1800), on obtient une année funeste pour la France (1814), année d'invasion et de misères de toute sorte.

» Si à 1800 on ajoute trois semaines d'années (21 ans), on obtient l'année de la mort de l'empereur Napoléon Ier (1821), etc. Si l'on passe à six semaines d'années (42 ans), on arrive à l'année de la mort du duc d'Orléans (1842). Sept semaines d'années (49 ans) donnent l'année où commence le pouvoir de l'héritier collatéral de l'empereur Ier.

» A partir de là, la prophétie ajoute :

« Ce pouvoir cessera après trois semaines » d'années (21). » Et, en effet, 1849 plus 21 donnent l'année 1870.

« En ce temps-là, ajoute la prophétie, la na-» tion germaine envahira la France et pénétrera » jusqu'aux portes de Paris; mais la France ne » périra pas. Ces événements arriveront avant » le 10e mois de la 10e semaine d'années (avant » octobre de 1870); mais ce mois ne se termi-,

» nera pas sans un immense désastre pour les
» Germains. Malheur au vieux despote ! mal-
» heur à son conseiller ! Ils seront maudits de
» tous ! Le sang versé criera vengeance contre
» eux ! Je vois la terre couverte de cadavres !
» Les Germains sont en fuite, traqués de toutes
» parts par les fils des Gaulois et des Francs,
» transportés de rage et de colère ! Je vois un
» massacre inouï ! L'Europe en frémit de crainte
» et d'horreur ! Le vieux despote est occis, et
» les vainqueurs ne s'arrêtent que sur les bords
» du grand fleuve (le Rhin). »

PROPHÉTIE

SUR

LES MALHEURS QUI MENACENT LA FRANCE,

Par un ecclésiastique qui annonce la croix de Migné huit ans avant son apparition, comme signe de la vérité de son inspiration.

————✠————

Un ecclésiastique d'une vie exemplaire, dit M. Vrindts (p. 44), voyait tout en noir depuis plusieurs années, et on l'en blâmait sans cesse. Il croit apprendre dans l'oraison que de grands désastres accableront bientôt la France; il les annonce dans un temps où le royaume semblait prospérer; on s'en raille. Il s'associe des personnes d'une rare piété, et fait une neuvaine avec elles; il écrit ensuite une lettre datée de l'an 1819, qui existe nous savons en quelles mains, où il annonce un bouleversement général, une révolution terrible, ajoutant qu'il n'y aurait qu'un instant entre ces deux cris qu'on pousserait : *tout est perdu* et *tout est sauvé*, et que le calme se rétablirait ensuite, et, pour confirmer sa prédiction, il finit par ces paroles : « Il paraîtra une croix, et si cette croix ne paraît pas, que mon secret meure avec moi. » Or, cette croix, il en fait une description qui peint exactement celle de Migné. Et ce prêtre mourut une année avant l'apparition miraculeuse.

Croix miraculeuse de Migné. — Le 17 décembre 1826, trois mille personnes étaient assemblées sur une place du bourg de Migné, près Poitiers, pour entendre un sermon. Au moment où le prêtre rappelait à ses auditeurs la croix lumineuse qui apparut à Constantin et à son armée, poursuivant l'impie Maxence, tout-à-coup une croix semblable, grande et d'une régularité parfaite, se montre dans les airs, au-dessus des spectateurs.

Le fait est certifié par les témoignages les

plus nombreux et les plus positifs. On aurait eu et l'on aurait encore, si c'était nécessaire, l'attestation des trois mille personnes qui étaient présentes.

Nous allons donner les preuves principales du miracle de Migné.

Voici d'abord une déposition écrite cinq jours seulement après l'événement. Elle est adressée à l'évêque de Poitiers, dans le diocèse de qui les faits venaient de se passer :

« MONSEIGNEUR,

» Nous soussignés, Pasquier, curé de Saint-Porchaire, et Marsault, aumônier du collége royal de Poitiers, réunis depuis un mois et demi à M. Bouin-Beaupré, curé de Migné (1), pour donner à ses paroissiens les exercices du jubilé, avons l'honneur de faire part à Votre Grandeur de l'événement extraordinaire dont nous avons été témoins à la clôture de notre

(1) Bourg d'environ 2,000 âmes, situé à une lieue au nord de Poitiers.

station. La docilité et la ferveur du plus grand nombre des habitants de cette commune nous consolaient de nos travaux ; mais nous avions encore à gémir sur la résistance de plusieurs qui rendaient nuls pour eux les efforts de notre zèle.

» Le dimanche 17 du présent mois, nous avons terminé les exercices du jubilé par la plantation d'une croix, cérémonie à laquelle assistaient deux à trois mille personnes de Migné et des paroisses voisines. La croix étant plantée, au moment où l'un de nous adressait aux fidèles une exhortation où il leur rappelait celle que virent autrefois Constantin et son armée, en marchant contre Maxence, parut dans la région inférieure de l'air, au-dessus de la petite place qui se trouve devant la porte principale de l'église, une croix lumineuse, élevée au-dessus du niveau de la terre d'environ cent pieds ; ce qui nous a donné la facilité d'en évaluer à peu près la longueur, qui nous a paru être de quatre-vingts pieds. Ses proportions étaient très-régulières, et ses contours, déterminés avec la plus grande netteté, se dessinaient parfaitement sur un ciel sans nuage, qui commençait cependant à s'obscurcir, car il était près de cinq heures du soir. Cette croix, de couleur argentine, était placée horizontalement dans la direction de l'église, le pied au levant et la tête au couchant. Sa couleur était la même dans toute son étendue, et elle s'est maintenue sans altération près d'une demi-heure. Enfin, la procession étant rentrée dans l'église, cette croix a disparu.

» On ne peut, Monseigneur, se faire une idée du saisissement religieux qui s'est emparé des spectateurs à l'aspect de cette croix. Presque tous se sont à l'instant jetés à genoux, en répétant avec transport et les mains élevées au ciel le cantique *Vive Jésus! vive sa croix!*

» Ce prodige que nous attestons, qu'attestent avec nous les soussignés, et que sont prêts à attester avec eux tous ceux qui ont été témoins oculaires, a produit d'heureux effets. Dès le soir même, et encore plus le lendemain, plusieurs personnes qui s'étaient montrées rebelles à la grâce se sont approchées du tribunal de la pénitence et se sont réconciliées avec Dieu.

» *Migné, 22 décembre 1826.*

» Signatures : Pasquier, curé de Saint-Porchaire;. Marsault, aumônier du collége royal; Bouin-Beaupré, curé de Migné; de Curson, maire de Migné; Naudin, adjoint; Marrot, fabricien; Sursault, fabricien; Landry, maréchal-des-logis de gendarmerie à Poitiers; Fournier, ancien adjudant sous-officier, et quarante-et-un autres témoins. »

Voulant que les détails et les circonstances de l'événement fussent constatés avec précision et rigueur, l'évêque de Poitiers nomma une commission d'hommes instruits qu'il chargea de se rendre sur les lieux et d'y faire toutes les informations désirables. Après avoir terminé leurs enquêtes, les membres de la commission présentèrent le rapport suivant :

« MONSEIGNEUR,

» Votre Grandeur ayant commis, par son ordonnance du 16 janvier dernier, MM. l'abbé de Rochemonteix, son vicaire-général, et Taury, chanoine honoraire de la cathédrale et professeur de théologie au grand séminaire, pour informer sur l'apparition extraordinaire d'une croix, qui aurait eu lieu à Migné dans le courant du mois de décembre 1826, ils ont l'honneur de lui exposer que, d'après ses intentions, ils se sont adjoint pour procéder à cette enquête MM. de Curson, maire de la commune, témoin oculaire du fait; Boisgiraud, professeur de physique au collége royal de Poitiers (1), J. Barbier, avocat, conservateur-adjoint de la bibliothèque de la ville, et V. Larnay, désigné pour remplir ler fonctions de secrétaire.

» La commission ainsi formée a pris une connaissance exacte des lieux où le phénomène avait été observé; elle a interrogé plusieurs témoins à la place même qu'ils occupaient pendant l'apparition, et elle en a entendu un nombre plus considérable dans divers autres lieux où la réunion était plus facile.

» Parmi eux, Votre Grandeur distinguera

(1) Protestant, et en conséquence naturellement prévenu contre le miracle catholique de Migné.

plusieurs agriculteurs, témoins habituels des spectacles variés qu'offre l'atmosphère à ceux qui passent la meilleure partie de leur vie en plein air; plusieurs artisans, accoutumés à juger de la régularité des formes, des proportions et de la grandeur absolue des objets; enfin, un certain nombre de personnes instruites qui, par leurs connaissances et leur caractère moral, assurent le plus haut degré de confiance à leurs dépositions.

» Il a été dressé de toutes les opérations ci-dessus énoncées un procès-verbal détaillé, dont la minute est jointe au présent rapport, avec la description géométrique des lieux et des objets dont la connaissance a paru susceptible d'offrir quelque intérêt dans la matière présente.

» Voici, Monseigneur, ce qui, de l'avis unanime des commissaires de Votre Grandeur, résulte des nombreux documents qu'ils ont recueillis et pesés de concert.

» Le dimanche 17 décembre 1816, jour de la clôture d'une suite d'exercices religieux donnés à la paroisse de Migné, à l'occasion du jubilé, par M. le curé de Saint-Porchaire et M. l'aumônier du collége royal, au moment de la plantation d'une croix et tandis que ce dernier adressait à un auditoire d'environ trois mille âmes un discours sur les grandeurs de la croix, dans lequel il venait de rappeler l'apparition qui eut lieu autrefois en présence de l'armée de Constantin, on aperçut dans les airs une croix bien régulière et de vastes dimensions. Aucun signe sensible n'avait précédé sa manifestation; nul bruit, nul éclat de lumière n'avait annoncé sa présence. Ceux qui l'aperçurent d'abord la montrèrent à leurs voisins, et bientôt elle fixa l'attention d'une grande partie de l'auditoire, au point que M. le curé de Saint-Porchaire, averti par la foule au milieu de laquelle il s'était placé, crut devoir aller interrompre le prédicateur. Alors tous les yeux se portèrent vers la croix, qui avait paru tout d'abord exactement formée, et qui était placée horizontalement, de manière à ce que l'extrémité du pied répondît au-dessus du pignon antérieur de l'église et que la tête se portât en avant dans le même sens que la direction de cette église, vers le couchant d'été. La traverse qui formait les bras coupait le corps principal à angle droit; chacun des bras, égal à la tête, était environ le quart du reste de la tige.

» Ces diverses parties étaient partout d'une largeur sensiblement égale, terminées latéralement par des lignes bien droites, bien nettes et fortement prononcées, et coupées carrément à leurs extrémités par des lignes droites et également pures.

» Au jugement de plusieurs témoins, ces pièces avaient une certaine épaisseur qui les faisait voir comme un peu arrondies lorsqu'on les regardait sous un angle oblique, et régulièrement équarries lorsqu'on se rapprochait de la verticale.

» Du reste, aucun accessoire ne paraissait tenir à cette croix, ni l'accompagner; toutes ses formes étaient pures et ressortaient très-distinctement sur l'azur du ciel. Elle n'offrait point aux yeux un éclat éblouissant, mais une couleur partout uniforme, et telle qu'aucun témoin ne peut la définir d'une manière précise, ni lui trouver un objet de juste comparaison. Seulement on s'accorde plus généralement à en donner une idée à l'aide d'un blanc argentin nuancé d'une légère teinte de rose.

» Il résulte certainement de l'ensemble des dépositions, que cette croix n'était pas à une hauteur considérable ; il est même très-probable qu'elle ne s'élevait pas à deux cents pieds au-dessus du sol ; mais il serait difficile de rien fixer de plus précis que cette limite.

La longueur totale de la tige pouvait être de cent quarante pieds, et sa largeur, à en juger par les données moins rigoureuses, de trois à quatre pieds (1).

(1) « Comme la situation de la croix était horizontale, on a déterminé la longueur de la partie comprise entre le pied et le croisement des branches, en mesurant la distance qui séparait les spectateurs placés directement au-dessous de ces deux points. Ses autres dimensions, et particulièrement sa largeur, ont été conclues des proportions qu'on leur attribuait entre elles et avec la longueur précédente. Il est facile de s'apercevoir que ces dimensions, beaucoup plus grandes que celles qu'on lui donnait à la vue simple, devraient l'être, en effet, comme cela a lieu pour tous les objets très-élevés. » (Note du *Rapport.*)

» Lorsqu'on a commencé à apercevoir la croix, le soleil était couché depuis une demi-heure au moins, et elle a conservé sa position, ses formes et toute l'intensité de sa couleur, pendant une demi-heure environ, jusqu'au moment où on est rentré dans l'église pour recevoir la bénédiction du Saint-Sacrement. Alors il était nuit, les étoiles brillaient de tout leur éclat. Ceux qui sont rentrés les derniers ont vu la croix commencer à se décolorer; ensuite quelques personnes restées au dehors l'ont vue s'effacer peu à peu, d'abord par le pied, et successivement de proche en proche, de manière à présenter bientôt quatre branches égales, sans qu'aucune de ses parties eût changé de place depuis le premier moment de l'apparition et sans que celles qui avaient disparu laissassent aux alentours la plus légère trace de leur présence.

» Il paraît qu'aucun observateur ne s'est appliqué à suivre cet évanouissement graduel jusqu'à son dernier terme, mais on sait qu'il était entièrement consommé lorsqu'on est sorti de l'église, immédiatement après la bénédiction.

» La journée où cet événement a eu lieu avait été très-belle, après une suite de plusieurs jours pluvieux. Au moment de l'apparition, le temps était encore serein et la température assez douce pour que peu de personnes s'aperçussent de la fraîcheur du soir. Le ciel était pur dans toute la région où se montrait la croix, et l'on apercevait seulement quelques nuages dans deux ou trois points éloignés de là et voisins de l'horizon (1). Enfin, aucun brouillard ne s'élevait de terre, ni de dessus la rivière qui coule à peu de distance.

» Voilà, Monseigneur, ce qui nous a paru constituer les circonstances matérielles du fait. Quant à son influence morale sur ceux qui en ont été les témoins, nous avons constaté que la plupart furent dans l'instant même saisis d'admiration et d'un religieux respect. On vit les uns se prosterner spontanément devant ce

(1) « Ces nuages n'ont été vus que par un très-petit nombre de personnes : on ne pouvait, en effet, les apercevoir que de quelques positions toutes particulières, dans lesquelles la vue n'était pas bornée par l'église ou des maisons. » (Note du *Rapport.*)

signe du salut; les autres avaient les yeux tout mouillés de larmes; ceux-ci exprimaient par de vives exclamations l'émotion de leurs âmes; ceux-là élevaient leurs mains vers le ciel en invoquant le nom du Seigneur. Il n'en est presque aucun qui ne crût y voir un véritable prodige de la miséricorde et de la puissance de Dieu.

» Nous avons de même constaté que plusieurs personnes qui avaient résisté à tout l'entraînement des exercices du jubilé, sont revenues, par suite de cet événement, aux pratiques de la religion, dont elles restaient éloignées depuis longues années, et que d'autres, qui, par leurs œuvres et par leurs discours, semblaient annoncer que la foi était entièrement éteinte dans leurs cœurs, l'ont sentie se ranimer tout-à-coup et en ont donné des marques non équivoques.

» Enfin, l'impression produite par ce spectacle extraordinaire a été si vive et si profonde qu'elle arrachait encore des larmes à quelques-uns de ceux qui déposaient devant nous, après plus d'un mois d'intervalle depuis l'événement.

» Avant de terminer ce rapport, qu'il nous

soit permis, Monseigneur, d'exprimer les sentiments qui nous ont été inspirés à nous-mêmes
par la connaissance plus approfondie que nous
avons été appelés à prendre de ce fait. Si nous
avons été surpris des particularités qui concernent l'existence physique du phénomène, nous
avons admiré bien davantage les conseils ado-
rables de la Providence, qui a fait concourir cet
événement avec des circonstances si propres à
lui donner les heureux résultats qu'il a eus en
effet. Lorsqu'on sait que le hasard n'est qu'un
nom, que rien ici-bas n'a lieu sans dessein et
sans une cause bien déterminée, on ne peut être
que vivement frappé de voir apparaître tout-à-
coup, au milieu des airs, une croix si manifeste
et si régulière, dans le lieu et dans l'instant
précis où un peuple nombreux est rassemblé
pour célébrer le triomphe de la croix par une
solennité imposante, et immédiatement après
que l'on vient de l'entretenir d'une apparition
miraculeuse qui fut autrefois si glorieuse au
christianisme; de voir que ce phénomène éton-
nant conserve toute son intégrité et la même
situation, tandis que l'assemblée reste à le con-

sidérer, qu'il s'affaiblit à mesure que celle-ci se retire, et qu'il disparaît à l'instant où l'un des actes les plus sacrés de la religion appelle toute l'attention des fidèles.

» Arrêté à Poitiers, en séance commune, le 9 février 1827.

» (Signatures :) Les membres de la commission : De Rochemonteix, vicaire-général; Taury, prêtre; Boisgiraud aîné; J. Barbier; Victor De Larnay. »

Plusieurs extraits du procès-verbal des dépositions mentionnées dans le rapport qui précède sont sous nos yeux. Nous certifions qu'elles expriment avec un remarquable accord ce que raconte la commission. Après les avoir exposés, les rapporteurs déclarent que « ils eussent pu facilement en obtenir un nombre plus considérable. »

« Lorsque nous avons été sur les lieux, disent-ils, la foule se pressait autour de nous ; les enfants mêlaient leurs voix à celles des personnes plus âgées pour expliquer dans le plus grand détail tout ce qui concernait l'apparition, et pour faire remarquer certaines circonstances qui, à leur âge, peuvent frapper davantage et qui avaient fait peu d'impression sur les esprits plus occupés des idées morales qui se rattachent à cet événement. Ce n'est qu'avec peine que nous sommes parvenus à isoler les témoins ci-dessus désignés, pour leur adresser nos questions et recueillir leurs réponses suivant la forme que nous nous étions prescrite. Enfin, lors de notre dernière réunion à Migné, on nous a présenté, peu avant notre départ, une liste de plusieurs individus qui demandaient instamment à être entendus, considérant comme une faveur singulière de pouvoir contribuer par leur déposition à constater l'apparition de la croix.

» Si nous n'avons donc pas multiplié davantage les témoignages écrits, c'est : d'une part, la difficulté de trouver un espace de temps assez considérable où nous fussions tous libres à la fois des occupations obligées qui concernent chacun de nous: de l'autre, l'espèce d'impatience qui se manifestait presque dans toute la France, même parmi des personnes dont les désirs devaient nous commander une haute considération ; mais c'est surtout parce que les dépositions déjà recueillies nous paraissaient présenter dans les points essentiels d'une manière bien positive un accord tel qu'il serait impossible de leur ajouter un plus grand degré de certitude, quel que fût le nombre des témoins qu'on soumettrait à l'examen. »

Lorsque le phénomène arriva, le préfet de la Vienne, M. le comte de Castéja, dont la résidence est à Poitiers, se trouvait à Paris, où le retenaient ses fonctions de membre de la Chambre des députés. M. Desplaces-Dessessarts, premier conseiller de préfecture du département, lui écrivit alors pour l'informer de l'événement. La lettre était ainsi conçue :

« Poitiers, 31 décembre 1826.

» Monsieur le Comte,

» Je crois devoir vous entretenir d'un événement très-extraordinaire qui s'est passé à Migné il y a aujourd'hui quinze jours, et qui a eu pour témoins trois ou quatre mille personnes.

» Le dimanche 17 de ce mois, jour de la clô-
re de la mission pour le jubilé dans la com-
une de Migné, on a planté une croix, comme
est l'usage. Le temps ayant été magnifique toute
. journée, beaucoup d'habitants des communes
oisines et de la ville de Poitiers s'étaient ren-
us à cette pieuse cérémonie.

» Comme on avait été processionnellement
hercher la croix chez le particulier qui en avait
it le don, ce ne fut qu'au moment du cou-
her du soleil qu'elle put être élevée sur le cal-
aire qui avait été préparé. Lorsqu'elle fut pla-
ée, M. l'abbé Marsault, aumônier du collége royal
e cette ville et l'un des deux ecclésiastiques
ui ont prêché la mission à Migné, monta sur
s marches du nouveau calvaire et adressa un
iscours à son nombreux auditoire. Il parla de
 croix miraculeuse qui apparut à Constantin
rsqu'il combattait Maxence, il rappela la con-
ersion de Clovis, et à peine avait-il achevé ces
itations, qu'une croix lumineuse d'environ
uatre-vingts pieds de longueur fut aperçue de
us les assistants. Le soleil était alors couché, le
iel était pur et sans un seul nuage; de sorte que

tout le monde put voir que cette croix, située horizontalement au-dessus de la petite place qui est devant la porte principale de l'église, était d'une couleur argentine qui tranchait parfaitement avec l'azur du ciel, et si bien formée que les deux parties du croisillon étaient absolument égales entre elles, et que ses quatre extrémités semblaient avoir été terminées à la scie. Elle était tellement détachée de ce qu'on appelle le firmament et si près de la terre que, lorsqu'on se plaçait tout près et en face de la grande porte de l'église, on voyait la croix au-dessus de sa tête, et que lorsqu'on s'éloignait de sa première position d'une quarantaine de pas, elle paraissait alors faire un angle de 35 degrés avec le terrain de la petite place dont il a été parlé : d'où il résulterait que l'élévation de cette croix au-dessus du sol n'était que d'environ une centaine de pieds, supposant le pas de deux pieds et demi et l'angle estimé réellement de 45 degrés. Au surplus, peu importe la précision de cette circonstance, puisque la proximité de cette croix était telle que ceux qui se trouvaient auprès du calvaire voyaient à leur droite la partie où était le croisillon et que, lorsqu'ils passaient sous cette même croix et s'en éloignaient à une certaine distance, ils voyaient à leur gauche la partie où était le croisillon.

» Cette croix lumineuse est restée constamment à la même place à peu près une demi-heure, c'est-à-dire jusqu'à la nuit. Elle a disparu en s'effaçant lentement, mais sans éprouver de changement dans sa forme. Personne n'a vu cette croix se former, et les premiers qui l'ont aperçue l'ont vue tout-à-coup telle qu'elle vient d'être dépeinte.

» Voilà, Monsieur le Comte, le phénomène miraculeux qu'ont vu et examiné près d'une demi-heure trois ou quatre mille personnes, et qu'attesteront par écrit toutes celles qui savent signer. Je vous citerai, parmi ces témoins oculaires, le maire, M. de Curzon, dont je n'ai pas besoin de vous faire l'éloge, puisque vous le connaissez et que comme moi vous appréciez sa sagesse et ses lumières; le respectable curé de Migné, M. Beaupré; celui de Saint-Porchaire, M. Pasquier; l'aumônier du collége, M. Marsault; le maréchal-des-logis de la gendarmerie, le sieur Landry, homme froid et pas dévot, qui, se promenant là pour le maintien du bon ordre, a vu tranquillement tout ce que je viens de vous dire. Il y a sans doute encore beaucoup d'autres personnes remarquables dont je n'ai point entendu parler.

» Mais ce qui vous mettra à même de juger de l'impression qu'ont faite et la mission et l'apparition de la croix lumineuse, c'est que dans une commune qui était loin d'être religieuse, tout le monde, un bien petit nombre d'individus excepté, tous se sont approchés des autels; qu'il n'y a plus ni haines ni divisions; que tous les habitants ont l'air de ne former qu'une seule famille, et que la joie et la satisfaction sont peintes sur toutes les figures.

» J'ai l'honneur d'être, etc.

» Le Doyen du Conseil de préfecture,

» DESPLACES-DESSESSART. »

Plusieurs personnes allèrent de Paris et d'autres lieux au bourg de Migné, afin de s'assurer par elles-mêmes et immédiatement de la vérité des témoignages du bruit desquels la France commençait à retentir. M. de Ranchin, député du Tarn en 1827, visita aussi le théâtre de l'événement, et écrivit sur ce qu'il y avait appris une relation qui a été imprimée. Nous en extrairons quelques passáges :

« Plus de deux cents témoins oculaires furent entendus par la commission chargée de vérifier les faits ; leurs dépositions furent unanimes· Sur trois mille témoins oculaires, dont plusieurs n'étaient rien moins que religieux, pas un ne s'est inscrit en faux contre la réalité de cette apparition sur le lieu même où le phénomène a paru.

» Les incrédules, ne pouvant plus nier le fait en lui-même, voulurent en écarter tout ce qu'on pourrait y voir de surnaturel. »

Après un récit de l'apparition, M. de Ranchin ajoute : « Comme l'église ne pouvait contenir tous ceux qui voulaient y entrer, plusieurs restèrent dehors, devant la porte d'entrée ; et, quoique le recueillement ne leur permît pas de détourner la tête, il y en eut quelques-uns qui, étant plus à portée de la croix céleste, s'aperçurent que, dès les premières paroles de la bénédiction, elle avait commencé à s'effacer par le pied, et qu'elle avait totalement disparu à l'instant où le prêtre avait prononcé les dernières paroles...

» J'entendis vêpres à Migné. Je fus édifié à la vue d'un peuple naguère si irrespectueux et si insubordonné, et aujourd'hui si doux, si soumis. Ils sont religieux sans ostentation, pieux sans affectation, modestes et recueillis dans leur église. Au dehors et dans leurs familles règnent la paix et la bonne foi. Leurs figures portent toutes l'empreinte de ce calme heureux qui est inséparable d'une bonne conscience. C'est vraiment un peuple régénéré.

» Je repartis pour Poitiers où je désirais avoir une entrevue avec le maréchal-des-logis de la gendarmerie. On prétendait qu'il avait rétracté sa déposition. J'eus une entrevue avec lui dès le lendemain; je lui demandai s'il avait effectivement donné lieu aux bruits qui circulaient sur sa rétractation. Il me répondit, avec autant d'assurance que d'énergie, « que c'était faux, qu'il ne disait que la vérité, et qu'il avait vu la croix miraculeuse aussi bien et aussi distinctement qu'il me voyait moi-même, et qu'il l'attesterait en tout temps, en toutes occasions, envers et contre tous. »

« J'ajouterai qu'il est à ma connaissance que trois personnes, dont l'une était fortement prononcée contre le miracle, ayant été aux enquêtes sur les lieux, en sont revenues toutes aussi convaincues que moi. Celui qui s'obstinait à ne pas croire, et qui s'est rendu à l'évidence, est un juge d'instruction. Il m'a fait lui-même l'aveu de son opiniâtreté passée et celui de sa conviction actuelle. Les deux autres sont des personnes de distinction, dignes de foi, qui habitent la capitale. A la suite de renseignements exacts qu'elles se sont aussi procurés sur les lieux, elles ont également acquis la certitude du miracle. »

Un membre distingué de l'Académie des sciences, un savant astronome, M. Cassini, a examiné le fait. Voici le jugement qu'il en a porté : « Nous rions de pitié de ceux qui voudraient comparer la croix lumineuse de Migné à un arc-en-ciel solaire, comme de ceux qui l'assimilent à un arc-en-ciel lunaire. C'est un effet de réfraction, ont dit certains ignorants; dites plutôt *de réflexion*, ont repris d'autres un peu plus savants... Eh! Messieurs, pour expliquer le phénomène à votre manière, il ne vous manque qu'une chose, mais indispensable : un rayon, soit du soleil, soit de la lune, qui, étant malheureusement absents, n'ont pu donner lieu ni à réflexion, ni à réfraction, ni à arc-en-ciel; d'autant qu'il n'y avait ni nuages, ni vapeurs, ni pluie. Cherchez donc quelque autre explication d'une apparition dont trois mille témoins déposent, qui pendant une demi-heure et à une hauteur qui excédait cent pieds, a subsisté sans mouvement, sans altération; sous des formes bien nettes, bien tranchées. C'est ce que nous portons défi d'attribuer raisonnablement à une cause physique naturelle. Et notre opinion sur ce point est appuyée de l'autorité de plusieurs savants, faits pour prononcer sur une telle matière. Mais que ce mé-

téore, enfant de tant de hasards et de puissances mystérieuses si contraires, soit venu se
placer dans ce lieu à point nommé, lorsque
le prédicateur parlait de la croix apparue à
Constantin; que ceux qui l'ont vu, subju-
gués par tous les sentiments religieux, aient
cédé à la puissance du miracle; que des
savants distingués, au nombre desquels il
y en avait d'une opinion peu favorable à la
croix, l'aient attesté; qu'ils aient concouru
à établir la nature et la vérité de ce fait
extraordinaire; qu'il soit cru miraculeux par
une foule d'hommes sans préjugés comme
sans préventions, dont la modestie, amie
de la science et de la vérité, examine avec
connaissance et discute avec calme; que des
magistrats, des ministres de la religion, voisins des lieux, et obligés devant Dieu de
dévoiler les prestiges de l'erreur, aient établi
des commissions, reçu leurs rapports, or-
donné une enquête, religieusement et civi-
lement juridique, agi si sérieusement et avec
tant de crédulité : ce serait assurément un
miracle, un prodige mille fois plus inad-

missible que celui dont nous admettons la réalité (1). »

(1) Paroles citées dans *la Croix de Migné vengée,* ch. 61.

PROPHÉTIE DE BLOIS.

SUITE.

————

Un de nos amis nous communique la note suivante, qui est, nous assure-t-on, le complément de cette prophétie. Cette dernière partie aurait été adressée le 23 octobre 1870 aux Carmélites d'une ville de Bretagne. Voici cette lettre :

On n'a pas voulu donner cette prophétie toute entière, d'abord afin de ne pas effrayer le monde; mais, comme les événements sont sur le point d'avoir lieu, on a adressé le reste aux religieuses du Père Eternel.

La vieille religieuse parle pour Blois. Elle annonce une grande bataille sous les murs de Paris, où le sang coulera à flots. Puis une autre bataille près de Blois, pendant laquelle on fermera les églises, mais à Blois seulement.

« La nuit du jeudi au vendredi ou celle du vendredi au samedi (elle ne dit pas au juste laquelle) sera terrible ; il est dit qu'en France personne ne dormira.

» Maintenant, on ne sait si c'est la pluie, le vent ou le tonnerre qui empêchera de dormir, mais elle dit de se munir d'un cierge béni et de l'allumer.

» A Paris, un coup du ciel anéantira tous nos ennemis.

» Le matin qui suivra cette nuit viendra la bonne nouvelle.

» Ainsi, nous sommes à la veille de grandes calamités pour les troupes et aussi pour les méchants, et d'un autre côté à la veille de notre triomphe.

» Les affaires seront quelque temps à se rétablir. Il y aura tout à faire ; mais le 8 décembre il y aura un triomphe comme il n'y en aura jamais eu. »

Est-ce une nouvelle Jeanne d'Arc?

Il n'est bruit, dit la *Décentralisation*, dans les salons de Lyon, que d'une servante très-simple, très-humble, appartenant au diocèse de Belley, et qui s'attribuerait une mission surnaturelle assez semblable à celle de Jeanne d'Arc. On raconte, à son sujet, bien des détails que nous n'osons répéter. Elle serait partie récemment pour obéir, elle aussi, à une voix d'en haut; elle serait allée en chemin de fer jusqu'à Sens, et de là à pied jusqu'à Paris, pour parler au général Trochu.

On aurait même de ses nouvelles depuis son arrivée à Paris, où elle aurait reçu l'hospitalité dans un couvent.

On comprendra, ajoute ce journal, l'extrême

circonspection avec laquelle nous devons accueillir ces récits plus ou moins sérieux, tout en les mentionnant comme un fait qui appartient au domaine de la chronique. Ce sont là de ces choses avec lesquelles on n'ose pas faire de la raillerie, mais qu'on n'accepte pas avec facilité.

Nous trouvons d'un autre côté, dans le *Courrier de Lyon*, les détails circonstanciés qui suivent et qu'on ne lira pas sans intérêt.

La jeune fille de Mâcon

ET SA MISSION SURNATURELLE.

Il est peu d'entre vos lecteurs qui n'aient entendu parler de la mission, présumée surnaturelle et providentielle, qui aurait été accompli par une jeune personne habitant les environs de Mâcon. Les communications échangées à ce sujet ont presque perdu leur caractère confidentiel; elles ont même pénétré dans le domaine de la presse, où, il faut en convenir, elles ont donné lieu à des relations peu exactes, en même temps qu'à des appréciations peu mesurées.

Je n'ignore pas combien les questions de

cette nature sont délicates et à quels inconvénients peut donner lieu leur discussion dans les journaux. Mais il importe que la vérité se fasse jour, et, d'ailleurs, dans les circonstances actuelles, où toutes les forces morales, matérielles et religieuses du pays associent leurs efforts pour parer aux dangers qui nous menacent et pour assurer le salut de la France, ceux qui ont foi dans l'assistance du ciel n'ont-ils pas le droit de se demander tout haut si quelque gage d'espoir ne luit pas de ce côté? Tous les catholiques français ne semblent-ils pas, d'ailleurs, pressentir que bientôt ils verront apparaître le secours de Dieu.

Sans vouloir préjuger en aucune façon la solution du problème qui va surgir de mon récit, je crois qu'il ne sera pas sans intérêt pour les lecteurs du *Courrier de Lyon* d'avoir sous les yeux un exposé pur et simple des faits que m'ont révélés des investigations consciencieuses et des déclarations dont la sincérité m'a paru au-dessus de toute contestation. C'est dans ce sentiment que ma communication trouvera au besoin sa justification.

La personne que la Sainte Vierge aurait choisie pour messagère est âgée de 20 ans et était en service dans une famille honorable. Après avoir été guérie subitement et d'une façon considérée comme miraculeuse d'une affection grave ayant nécessité une opération chirurgicale dangereuse, elle prétendit que la Sainte Vierge lui apparaissait et l'invitait à aller accomplir une mission à Paris. Ses maîtres s'efforcèrent de la dissuader d'une pareille entreprise, dont la possibilité et l'utilité leur paraissaient au moins problématiques. Ils redoutaient, d'ailleurs, de se trouver mêlés, au détriment de leur tranquillité et de leur considération, à quelque compromettante histoire pouvant avoir un retentissement fâcheux pour eux.

Les instances réitérées de la jeune personne n'eurent donc, pendant plusieurs jours, aucun résultat favorable à ses projets et lui attirèrent même de toutes parts de nombreuses rebuffades, qui, toutefois, ne la découragèrent pas. Dans cette situation, elle se contenta de redoubler ses prières, ne doutant pas que celle qui voulait lui confier une mission saurait bien lui fournir les moyens de l'accomplir.

Or, un jour qu'elle priait, agenouillée, Mme X..., en pénétrant auprès d'elle, accompagnée de sa toute jeune enfant, vit une auréole briller autour de la tête de la jeune fille.

Mme X... se précipita à genoux avec son enfant, qui prétendit et affirme encore avoir vu la Sainte Vierge. Quant à Mme X..., elle n'a vu que l'auréole; mais elle n'hésite pas à attester l'exactitude de ce fait.

Rien ne s'opposait plus, désormais, au départ de celle que le ciel semblait consacrer, par un signe manifeste, pour l'accomplissement de la mission qu'elle disait en avoir reçue.

Elle partit donc, munie d'une somme de 80 fr. et accompagnée de M. X...

A la gare de X..., elle demanda un billet de chemin de fer pour Sens. On lui répondit que les convois n'allaient plus à cette station. Elle insista en affirmant que celui qui allait partir irait encore à Sens, et bientôt le chef de gare reçut un renseignement qui justifia l'exactitude de cette prévision.

De Sens, elle se dirigea seule, à pied, sur Paris. La Vierge lui aurait recommandé d'éviter les châteaux et de suivre les petits sentiers. Elle rencontra les Prussiens à Corbeil et traversa leurs lignes sans aucun obstacle.

Elle se présenta devant Paris le jour du combat de Villejuif, et pénétra dans la capitale, en passant au travers des feux croisés des Français et des Prussiens. Les projectiles sifflaient autour de sa tête, et une balle lui aurait même effleuré la figure; mais elle continuait sa route sans la moindre frayeur, car Celle qui la gardait lui avait dit : « Ne crains rien ! »

Arrivée à Paris, elle demanda à parler au général X... Là encore, elle essuya de nombreux obstacles, et on refusait de l'introduire auprès du général, lorsque, ce dernier étant intervenu, elle lui dit à l'oreille quelques mots qui parurent l'impressionner extraordinairement. On prétend qu'elle lui aurait révélé, pour preuve de sa mission, quelques secrets que lui seul croyait posséder. Ce qu'il y a de certain, c'est qu'il l'accueillit avec déférence, et lui accorda avec empressement une audience qui n'aurait pas duré moins de deux heures.

Après cela, le général lui fit donner l'hospitalité dans un couvent, d'où l'on envoya par ballon, à ses maîtres, une dépêche leur annonçant ce qu'elle avait fait et leur recommandant de n'être pas inquiets à son sujet.

Elle quitta Paris pour se rendre à Orléans, et de là à Tours; puis elle rentra auprès de ses maîtres, tranquille et satisfaite, en disant qu'elle avait fait ce qui lui avait été commandé.

Il ne nous a pas été possible, jusqu'à ce jour, de savoir en quoi a consisté la mission remplie par cette jeune personne. Lorsqu'on l'interroge à ce sujet, elle répond d'une manière brève, et d'un seul mot elle arrête les questions indiscrètes.

Ce qu'il y a de remarquable, c'est qu'elle a repris ses habitudes de vie avec toute sa simplicité antérieure. Non seulement rien chez elle ne dénote une illuminée, mais on dirait qu'elle ignore en quelque sorte le rôle au moins extraordinaire qu'elle a été appelée à remplir.

Vers le 10 de ce mois, sans que je sois én

mesure de certifier la date, un homme honorable, qu'il ne serait pas équitable d'accuser d'ingénuité, devant se rendre dans ma famille où est placée la jeune personne dont il s'agit, avait préparé par écrit une série de questions qu'il se proposait de lui adresser. Il ne serait pas invraisemblable qu'au sentiment de curiosité se joignît chez lui le désir de découvrir quelque illusion ou quelque supercherie aux lieu et place de ce que quelques-uns considéraient comme une mission surnaturelle. Mais, arrivé en sa présence, il fut tellement frappé de son attitude et des réponses qu'elle faisait, qu'il ne put exécuter son projet, et il résulte des déclarations faites par lui plusieurs jours après, qu'il est resté sous le coup de l'impression qu'il avait éprouvée.

Le même jour, le visiteur ayant dit, en présence de plusieurs autres, que peut-être les Français essayeraient de reprendre Orléans, la jeune personne étant intervenue accidentellement, répondit aussitôt : « *Oui, c'est vrai ; et à cette heure, Orléans est repris.* »

Tout le monde resta ébahi, d'autant plus que

l'un des auditeurs présents sortait de la Préfecture, où l'on n'avait reçu aucune nouvelle.

Quelques heures plus tard, il repassa à la Préfecture, où arrivait la dépêche annonçant la réoccupation d'Orléans par les Français.

Elle a prédit que Trochu ferait une sortie victorieuse.

On affirme, en outre, qu'il résulterait de ses paroles que les Prussiens n'occuperaient pas Mâcon et que le roi Guillaume ne reverrait pas la Prusse.

Les renseignements contenus dans ce dernier paragraphe sont de provenance respectable ; cependant l'exactitude n'a pas pu en être contrôlée comme pour ce qui concerne ceux qui précèdent. Ils doivent, dès lors, être donnés sous quelque réserve.

Lorsqu'on demande à la pieuse fille si les malheurs de la France vont bientôt finir, elle répond qu'*ils ne dureront pas beaucoup ; mais elle ajoute qu'il y aura encore de terribles épreuves.* Alors sa figure se rembrunit et ses traits se contractent comme si les épreuves annoncées s'accomplissaient sous ses yeux.

Voilà la relation aussi exacte que possible de ce que l'on sait au sujet de la mission de cette jeune personne.

Inutile d'ajouter qu'elle est demeurée et demeure complétement étrangère aux élucubrations extravagantes qu'on publie sous son nom ou avec sa prétendue autorisation.

Mon unique but a été de révéler à vos lecteurs des faits extraordinaires, mais sérieusement établis. Je ne les ferai suivre d'aucune appréciation ; à chacun d'en tirer les conclusions qui lui sembleront autoriser.

Agréez, etc.

P. DE LA GENÉTIÈRE.

PRÉDICTION

DE L'ABBÉ MARGOTTI EN 778.

Sans être tout-à-fait devin, dans le sens que l'on donne habituellement à ce mot, le savant abbé Margotti a prédit ou prévu d'une façon remarquable, dans le journal l'*Unita cattolica*, à Turin (numéro du 23 septembre 1866), la chute de cet homme de malheur et de sang qui se nomme Napoléon III.

« Les journaux de Paris s'entretiennent en toute liberté de la chute imminente du Pape-Roi. Le *Siècle* dit que Pie IX fait son testament; le *Temps* lui promet un enterrement de première classe.

» Nous, qui écrivons en Italie, parlons avec la même liberté de la chute du second Empire napoléonien.

» La chute ne saurait être éloignée, car les deux causes de l'existence de cet empire ne subsistent plus : ce fut la gloire militaire et la restauration catholique. Or, Napoléon III, au lieu de défendre la religion catholique, la livre à ses adversaires, et au lieu de combattre, il recule. C'est en allant à Rome qu'il devenait empereur : il s'en va de Rome, il s'achemine donc naturellement vers sa ruine.

» Quand l'oncle recommença de persécuter Pie VII, Joseph de Maistre écrivait : « Bonaparte attaque le Pape, maintenant sa chute est certaine. »

» Eh bien, nous dirons la même chose du neveu. Il abandonne Pie IX, il livre Rome ; donc les funérailles du second Empire ne tarderont pas. L'oraison funèbre est prête, on peut la diviser en trois points : Allemagne, Mexique, Rome. Allemagne et Mexique, déchéance de la gloire militaire. Rome, abandon complet de ces traditions catholiques avec lesquelles la France ne rompra jamais; abandon par manque de cœur.

» Napoléon est au soir, la nuit vient ! Les Français perdront toute estime pour *ce magnanime* qui recule toujours : recule en Pologne par crainte de la Russie; recule en Allemagne par crainte du fusil Dreysse; recule à Rome par crainte d'Orsini, de Mazzini et de la Révolution. On prête au commandant de la garde de Napoléon Ier cette parole : *la Garde meurt et ne se rend pas.* Napoléon III, au contraire, se rend toujours dans le fol espoir de ne jamais mourir.

» Il s'est rendu à Bismark, à Juarez, même à Ricasoli. Mais ceux qui se rachètent de la sorte ne se conservent pas.

» Au milieu des incertitudes présentes, deux choses pourtant nous paraissent certaines : le triomphe du Pape-Roi et la chute du second Empire. Sur ces deux points, nous avons l'âme en paix.

» Assurément nous ne saurions dire par quels moyens et de quelle manière Pie IX triomphera. Nous n'ignorons pas moins les événements qui précipiteront Bonaparte; mais nous voyons qu'il ne ménage rien pour faciliter sa propre ruine. La Providence se réserve les moyens d'accomplir ce qu'elle a promis de tout temps : « J'ai renversé les puissants de leurs trônes et j'ai exalté les humbles. » Nos pères et beaucoup de nos contemporains ont vu l'humble Pie VII exalté de sa prison ‘et le puissant Napoléon déposé de son empire.

» Au Mexique, à l'Allemagne, à Rome correspondent, dans le premier Empire, l'Espagne, la Russie, Savone. La guerre d'Espagne, la campagne de Russie, la captivité du Pape préparent la chute de l'oncle; la bataille de Waterloo, le 18 juillet, termine tout, l'écrase, le jette à Sainte-Hélène.

» Cette bataille de Waterloo parut mystérieuse à Napoléon lui-même. Quelqu'un la lui ayant rappelée le 16 juillet 1816, jour anniversaire, il s'écria tout ému : *Bataille incompréhensible! concours de fatalités inouïes! Il n'y a eu que des disgrâces!* Il ajoutait en se couvrant les yeux de ses mains : « Tout ne m'a manqué que quand tout avait réussi. »

» Eh bien ! que Napoléon III se prépare à subir les mêmes humiliations. Lui aussi verra venir sa journée *incompréhensible.*

» Dieu le fait passer maintenant par une série d'événements dont il ne sent pas la portée, auxquels peut-être il ne pense pas. Viendra un jour où il y reconnaîtra le *concours de fatalités inouïes.*

» Et qu'il ne s'enorgueillisse point lorsqu'une chose qu'il veut réussit au gré de ses désirs, car, à la fin, il se verra forcé de répéter avec le fondateur de sa dynastie : *Tout ne m'a manqué que quand tout avait réussi.*

» Nous prions les Bonapartistes, tant d'Italie que de France, de conserver cet article et de n'en point perdre la mémoire. Rome est fatale. Elle l'a été au premier Empire, elle le sera au second.

» *N.-B.* — Nous adressons cette page si brève et si claire à Napoléon III, en sa villégiature de Compiègne; au général Fleury, commissaire de l'Empereur à Florence; au baron de Malaret, dans la capitale provisoire; à l'ambassadeur français, à Rome. Nous les exhortons tous à garder le présent numéro de l'*Unità cattolica*, afin qu'ils puissent le relire en temps opportun et voir si nous étions dans le vrai.

» MARGOTTI, prêtre. »

PRÉDICTION

ANONYME D'UNE RELIGIEUSE EN 1815.

(XIXe SIÈCLE.)

.... Je vis un jeune prince qui était comme le dernier rejeton de la race de saint Louis.

.... Et la voix de Dieu me dit : « La corruption est à son comble... Mais de ce prince, il naîtra un enfant. »

Et cet enfant sera doué de toutes les vertus; il sera selon mon cœur.

Et il régnera lorsque j'aurai fait disparaître ces impies de dessus la surface de la terre.

Et il apportera avec lui le bonheur et la paix.

..... Le temps viendra où toutes les puissances reconnaîtront l'autorité du Saint-Siége et que je suis le Seigneur.

Or, quand elles seront presque bouleversées, ce sera alors qu'elles se sentiront disposées à reconnaître les prodiges qui sont sur le point de s'opérer.

..... Je disais au Seigneur : «Ce prince vous adorera pour nous apprendre à vous adorer. »

Et le Seigneur me dit : « Demandez qu'il soit donx et humble de cœur. »

..... Le sceptre lui sera donné pour défendre le trône et l'autel, et ses ennemis trembleront au jour de sa force.

Il sera le roi fort et il marchera avec le Pape saint.

Il gagnera les peuples et les changera en de vrais adorateurs.

Et tous ceux qui font souffrir des maux à mes serviteurs seront chassés.

J'aveuglerai ces ouvriers d'iniquité et ils ne sauront pas s'entendre, et ils se révolteront les uns contre les autres.

PRÉDICTION ITALIENNE

Imprimée à Turin en 1082, d'après un vieux manuscrit
conservé à la bibliothèque de Plaisance.

———

La guerre, la famine et la peste ruineront
les royaumes de Saturne (l'Italie), et les anciennes dynasties en seront chassées.

On y verra un Pontife gardant bien les clefs
du Ciel, mais ne gouvernant plus de princi-
pauté terrestre. Chose affreuse! c'est alors que
le bœuf rouge engendrera l'hydre.

Dieu laissera marcher l'incendie; il n'apaisera
point sa colère jusqu'à ce que tous les maux
aient frappé les nations de l'Ausonie (Italie).

Cet état de choses durera un lustre.

Bientôt un oiseau gigantesque sortira comme d'un lourd sommeil. Au moyen de son bec et de ses griffes, il arrachera la tête du bœuf, et dans sa soif insatiable, il dévorera les entrailles du dragon funeste. Il jettera par terre les trois couleurs gauloises et remettra les rois à leur place.

Un homme juste et équitable sorti de la Galacie sera pape.

Dans tout le monde renaîtra avec la foi l'esprit pacifique.

Et un seul prince gouvernera toutes choses.

PRÉDICTION ROMAINE.

Nous donnons ce titre, faute de mieux, à une prédiction trouvée à Rome dans la bibliothèque de saint Augustin, et qui fut reproduite dans le *Rosier de Marie*, en 1860.

Vers le milieu du XIXe siècle, des séditions éclateront de toutes parts en Europe, principalement dans le royaume de France, en Suisse et en Italie.

Surgiront des républiques, des rois disparaîtront; des personnages ecclésiastiques et des religieux quitteront leurs demeures.

La famine, la peste et des tremblements de terre dévasteront plusieurs cités.

Rome perdra le sceptre par suite de l'obsession des pseudophilosophes.

Le Pape ira en exil (1848) et l'Eglise de Dieu subira le joug révolutionnaire. Elle sera spoliée dans ses biens temporels. Après peu de temps le pape s'éteindra.

Un prince de l'Aquilon parcourra toute l'Europe avec une grande armée ; il renversera les républiques et exterminera les rebelles ; son glaive mû par Dieu défendra énergiquement l'Eglise du Christ. Ce souverain combattra pour la foi orthodoxe et conquerra l'empire mahométan.

Un nouveau Pasteur de l'Eglise viendra d'un littoral, d'après un signe céleste ; il enseignera le peuple avec simplicité de cœur, .selon la doctrine du Christ, et la paix sera rendue au siècle.

PRÉDICTION

DU PÈRE NECKTOU

Religieux de la Compagnie de Jésus, mort en odeur
de sainteté, à Bordeaux, avant la Révolution.

———

Un nom odieux à la France sera placé sur le
trône : un d'Orléans sera roi. Ce ne sera qu'après cela que se fera la contre-révolution. Elle
ne se fera pas par les étrangers, mais il se formera en France deux partis qui se feront la
guerre à mort. L'un sera beaucoup plus nombreux que l'autre; mais ce sera le plus faible qui
triomphera. Il y aura alors un moment si affreux
qu'on se croira à la fin du monde. Le sang ruissellera dans plusieurs grandes villes; les éléments seront soulevés. Il périra dans cette ca-

tastrophe une grande multitude, mais les méchants ne prévaudront pas.

Ils auront bien l'intention de ruiner l'Eglise, mais ils n'en auront pas le temps, car cette crise si épouvantable sera de courte durée, et ce sera au moment où l'on croira tout perdu que tout sera sauvé. Quand cette grande crise arrivera, il n'y aura rien à faire, sinon de rester où Dieu nous aura mis et d'y persévérer dans la prière.

Durant ce bouleversement, qui sera général, et non pour la France seulement, Paris sera entièrement détruit; tellement, que vingt ans après, les pères se promèneront avec leurs enfants dans ses ruines; ceux-ci leur demanderont ce que c'est que cet endroit, et ils répondront : « Il y avait là une grande ville, que Dieu a détruite à cause de ses crimes. »

A la suite de cet événement affreux, tout rentrera dans l'ordre; justice sera faite à tout le monde et la contre-révolution sera accomplie; et alors le triomphe de l'Eglise sera tel qu'il n'y en aura plus jamais de semblable, parce que ce sera le dernier triomphe de l'Eglise sur la terre.

... L'Angleterre éprouvera à son tour une révolution plus terrible que la première révolution française, et, durant cette crise, la France aura le temps de se rasseoir. Ce sera la France qui aidera l'Angleterre à rentrer dans la paix.

Lorsque ces événements seront près d'arriver, tout sera tellement troublé sur la terre, qu'il semblera que Dieu ne s'occupe plus des hommes et qu'il a entièrement perdu sa Providence.

PRÉDICTION

DE MAISTRE PYRUS

(XVIIᵉ SIÈCLE.)

———

Maistre Michel Pyrus, astrologue, prédit d'après les Saints Pères qu'un grand roi de France doit subjuguer l'Empire ottoman et le ramener à la foi de l'Église catholique. C'est ainsi qu'il nous dépeint les qualités de ce prince et les avantages de son règne.

———

... Ce roi qui doit réunir l'Empire divisé d'Orient et d'Occident sera seul empereur du monde, aimé et redouté de tous les hommes. Jamais on n'a vu un monarque si zélé pour l'honneur de Dieu, si fort, si puissant, si heureux que lui sur la terre.

Il relèvera et rétablira en grande splendeur tous les royaumes chrétiens auparavant désolés. Alors il n'y aura au monde qu'un *seul pasteur* et un *seul troupeau*, tout schisme et toute hérésie ayant disparu. Tous les méchants seront tués ou punis.

Il y aura un saint pape, un saint clergé, un saint roi assisté d'une sainte noblesse et d'un bon peuple.

Chacun fera son devoir et craindra d'offenser Dieu...

PRÉDICTION

DE LA SŒUR NATIVITÉ

(XVIIIᵉ SIÈCLE.)

Dieu me fait voir la malice de Lucifer, et l'intention diabolique et perverse de ses suppôts contre l'Église de Jésus-Christ.

... (J'ai vu) des malheurs bien terribles, mais Dieu m'a donné l'espérance du rétablissement de la religion et du recouvrement des pouvoirs de notre Saint-Père le Pape.

... Je vois dans la divinité une grande puissance conduite par le Saint-Esprit et qui, par un second bouleversement, rétablira le bon ordre.

Je vois en Dieu une assemblée nombreuse des ministres de l'Église (1) qui, comme une armée inébranlable, soutiendra les droits de l'Église et de son chef et rétablira son ancienne discipline. En particulier, je vois deux ministres du Seigneur qui se signaleront dans ce glorieux combat, par la vertu du Saint-Esprit, qui enflammera d'un zèle ardent tous les cœurs de cette illustre assemblée.

Tous les faux cultes seront abolis, je veux dire tous les abus de la Révolution seront détruits, et les autels du vrai Dieu rétablis. Les anciens usages seront remis en vigueur, et la religion, du moins à quelques égards, deviendra plus florissante que jamais.

..... J'ai vu en esprit une grande salle, qui avait assez l'air d'une église. Elle était presque remplie de prêtres revêtus d'aubes très-belles, comme pour une grande fête... Ils lisaient des ouvrages composés pour le triomphe de la bonne cause..... Bon, me disais-je en moi-même, voilà pourtant quelque chose qui annonce une pleine

(1) Le Concile.

victoire !... Que Dieu soit béni, et que sa religion et sa cause triomphent !... Enfin le bon ordre va reparaître.

(Ici la religieuse entrevoit tout-à-coup de nouveaux malheurs, puis elle conçoit encore de nouvelles espérances.)

..... Les méchants font des décrets contre l'Eglise..... mais ils périront tous avec leurs lois sacriléges. Oui, ils périront, l'arrêt en est porté.

..... C'est le sort qui les attend et qu'ont déjà subi plusieurs de leurs partisans et même un de leurs principaux chefs. (Dieu me l'a nommé, mais il exige que je me taise, le moment n'étant pas encore venu.)

.... Je vois en Dieu que longtemps avant que l'Antechrist arrive, il y aura des guerres sanglantes. Les peuples s'élèveront contre les peuples, les nations contre les nations, tantôt unies et tantôt divisées pour combattre pour ou contre le même parti. Les armées s'entrechoqueront épouvantablement, et rempliront la terre de meurtres et de carnages. Ces guerres intestines et étrangères occasionneront des sacriléges énormes, des profanations, des scandales, des maux infinis par les incursions que l'on fera dans la sainte Église, en usurpant ses droits, dont elle recevra de grandes affections...

Outre cela, je vois que la terre sera ébranlée en différents lieux par des tremblements et des secousses épouvantables.

(Le reste devient de plus en plus nuageux. On ne sait pas si la religieuse parle de la grande Révolution de 93, ou si elle a en vue des événements postérieurs, ou bien encore si ses prévisions portent jusque sur les fléaux qui doivent désoler la terre à la fin du monde. C'est pourquoi nous n'en citons pas davantage.)

Nous croyons ne pouvoir mieux terminer notre petit volume que par la *Revue* suivante, qui a paru tout dernièrement dans l'*Union de l'Ouest*.

Revue des prédictions relatives aux événements actuels.

La prospérité éloigne les peuples de la foi; l'adversité les y ramène : quelquefois même elle les conduit plus loin, — jusqu'à la crédulité et la superstition. — Les malheureux lèvent les yeux vers les régions supérieures qu'ils oublient dans leurs jours de joie; ils demandent à tous les échos d'où leur viendra les secours; ils montent sur les tours pour sonder l'horizon, interrogent les oracles et voudraient faire parler l'inconnu. C'est ce qui explique la vogue dont jouissent depuis deux mois des prophéties plus ou moins dignes d'attention, tirées de la poussière où elles se cachaient.

Il y en a de tous les genres et de tous les calibres; il y en a d'antiques; il y en a de modernes; il y en a de courtes; il y en a de longues; il y en a de très-nettes et de très-graves; il y en a qui sont dues à des saints, et d'autres qui se sont échappées d'une bouche de sorcier. C'est au lecteur à faire son choix, d'après ses goûts personnels. Pour moi, je préfère les prédictions des saints, et j'aime à croire que tous mes lecteurs seront de mon avis, — ce qui ne m'empêche pas pourtant de débuter par la prophétie d'un sorcier.

Il s'agit de Nostradamus, médecin et astrologue du roi Henri II, dont les *Centuries* divisés en quatrains, comme les moralités de Pibrac, formèrent la plus célèbre, la plus complète et la plus obscure collection d'oracles qui ait jamais été offerte aux méditations des croyants. Or, ceux-ci n'ont jamais manqué à Nostradamus. J'ai rencontré des gens qui n'avaient qu'une foi médiocre en l'Évangile et qui avaient une foi robuste en Nostradamus : c'est la règle ordinaire.

Michel de Nostradamus a prédit ce qui devait se passer depuis l'avénement de Henri II jusqu'à celui de l'Ante-Christ, tout simplement. Mais il a pris soin de voiler la lumière qu'il répandait sur le monde, de peur de l'éblouir, et son Apocalypse est recouverte de tant de nuages que tout le zèle des commentateurs n'a pas suffi jusqu'à présent à en dissiper la meilleure partie, et que c'est un travail très-rude de parvenir à comprendre la langue ou plutôt le patois qu'il parle.

Voici le quatrain de Nostradamus, qui se rapporte aux événements présents :

> Par le décide de deux choses bastards,
> Nepveu du sang occupera le règne :
> Dedans Loctoyre seront des coups de dards ;
> Nepveu par peur pliera l'enseigne.

On voit que cette poésie a besoin d'une glose. *Décide* signifie *chûte*, conformément à son étymologie latine *decidere*. Il paraît, si j'en crois le dernier et trop consciencieux éditeur du prophète, qui a encadré les *Centuries* en deux volumes de notes, que les *deux choses bâtards* désignent la monarchie de Juillet et la République de 1848, — ce qui n'est point déjà si mal, — et que le *neveu du sang,* c'est son ex-Majesté Napoléon III, — ce qui laisse un peu plus à désirer. Il paraît que *Leccoyre* est un vieux mot teuton qui peut désigner la Lorraine, et qui vient de *Lotharingia,* — comme *Alfana* vient d'*equus.* Quant au dernier vers du quatrain, il est le plus clair de tous, et il s'explique de lui-même. Si Nostradamus est prophète, — et même s'il ne l'est pas, — le *neveu du sang* n'a pas fait belle figure à Sedan.

Moins vénérable par son antiquité, la prédiction de la religieuse de Blois, sœur Marianne, reproduite en ces derniers temps dans presque tous les journaux, l'est beaucoup plus par sa provenance. Nous n'avons point l'intention de la copier une fois de plus, mais de la compléter. On ignore généralement que cette humble et pieuse tourière, morte en odeur de sainteté vers 1830, a laissé un assez grand nombre d'autres prédictions qui se rapportent presque toutes à l'avenir politique de la France.

En janvier 1815, la religieuse de Blois avait prédit les Cent-Jours, et dès lors son autorité de *voyante* s'était établie, et on recueillait avec soin tout ce qui s'échappait de sa bouche. L'année suivante, elle eut une vision nouvelle et prononça des prédictions qu'on ne peut accuser d'avoir été faites ou arrangées après coup pour les événements actuels, car elles sont imprimées tout au moins depuis quarante ans.

« Le dimanche d'avant la Toussaint 1816, je faisais mon oraison... Je fus tout-à-coup frappée d'objets horribles... Il me fut dit : « Tu vois les crimes qu'on commet. Je vais donc encore frapper la France pour le bonheur des uns et le malheur des autres. » Je vis dans ce moment un gros nuage qui était si noir que j'en fus épouvantée; il couvrit toute la France. Du fond de ce nuage, j'entendis des voix confuses qui criaient, les unes : *Vive la République!* les autres : *Vive Napoléon!* les autres : *Vive la Religion et le grand monarque que Dieu nous garde !* »

» En même temps, il se donna un grand combat, mais si violent qu'on n'en avait jamais vu un semblable; le sang coulait comme quand la pluie tombe bien fort, surtout depuis le Midi jusqu'au Nord, car l'Ouest me parut plus tranquille. Les méchants voulaient exterminer tous les ministres de la religion de Jésus-Christ et tous les amis de la Légitimité. Ils en avaient fait périr un grand nombre et criaient déjà victoire! lorsque tout-à-coup les bons furent ranimés par un secours d'en haut et les méchants furent défaits et confondus...

» Le temps de tous ces bouleversements, ajoute la religieuse, ne sera pas plus de trois mois, et celui de la grande crise où les bons triompheront ne sera que d'un moment. »

Ailleurs, racontant une autre vision, qu'elle eut le jour des Rois 1820, elle s'exprime ainsi :

» J'entends une voix qui me dit : « Ne crains point; mon courroux tombera sur ceux qui ont allumé ma colère; ils disparaîtront dans un moment. Tout l'univers sera étonné d'apprendre *la destruction de la plus belle, de la plus superbe ville!* C'est cette maudite

Babylone qui s'est enivrée du sang de mes saints; elle veut encore le verser, et dans peu celui d'un prince (le duc de Berry, qui allait être bientôt assassiné par Louvel). Elle mettra le comble à ses terribles forfaits, et moi, je lui ferai boire le vin de ma colère; *tous les maux tomberont à la fois sur elle et dans un seul instant.* »

« Je n'entendis plus la voix, mais un bruit effroyable; le gros nuage se divisa en quatre parties, qui tombèrent à la fois sur la grande Ville, et dans un instant elle fut tout en feu. Les flammes qui la dévoraient s'élevèrent dans les airs, et de suite je ne vis plus rien, qu'une vaste terre noire comme du charbon. »

Cette prédiction n'est pas très-rassurante pour Paris, comme on voit : elle a cela de commun avec beaucoup d'autres, dont nous allons citer quelques-unes.

4. On s'apercevra seulement qu'elles offrent entre elles bien des points d'analogie. Toutes ou presque toutes s'accordent à annoncer de grands troubles, des guerres sanglantes, la destruction ou du moins l'humiliation et le châ-

timent de Paris, auquel plusieurs laissent l'espoir d'échapper à la ruine totale ; puis l'heureuse issue de toutes les difficultés, et une longue période de repos, de tranquillité et de bonheur, sous le sceptre du roi légitime rétabli dans ses droits. Dans sa vision de 1820, la religieuse de Blois aperçoit celui qu'elle appelle le *grand monarque* aux genoux du Pape, tandis qu'autour d'eux tous chantent des cantiques d'allégresse, et que la nuit affreuse est remplacée par le plus beau jour qu'elle ait jamais vu. Dans la prédiction qu'ont reproduite tous les journaux, elle dit :

« Le prince ne sera pas là. On ira le chercher. — Cependant le calme renaîtra, et, depuis le moment où le prince remontera sur le trône, la France jouira d'une paix parfaite, et sera plus florissante et plus tranquille que jamais, pendant environ vingt ans.

Le solitaire de l'abbaye d'Orval s'exprime en ces termes, dans les versets 26 et suivants de sa prophétie, après avoir prédit coup sur coup le règne de Napoléon Ier, sa grandeur et ses revers, la première Restauration, les Cent-Jours, la seconde Restauration et le reste.

26. Hurlez, fils de Brutus; appelez sur vous les bêtes qui vont vous dévorer. Dieu grand ! quel bruit d'armes ! Il n'y a pas encore un nombre plein de lunes, et voici venir maints guerriers...

28. Quel feu va avec ses flèches ! Dix fois six lunes et puis encore six fois dix lunes ont nourri sa colère. Malheur à toi, grande Ville ! Voici des rois armés par le Seigneur; mais déjà le feu t'a égalée à la terre : et pourtant les justes ne périront pas, Dieu les a écoutés.

29. La place du crime est purgée par le feu; le grand ruisseau a été éconduir toutes rouges de sang ses eaux à la mer.

30. Et la Gaule vue comme déçabrée (renversée) va se rejoindre.

31. Dieu aime la paix; venez, jeune Prino, quittez l'île de la captivité; oyez, joignez le lion à la fleur blanche, venez.

32. Ce qui est prévu, Dieu le veut.

33. Le vieux sang des siècles terminera encore de longues divisions : lorsqu'un seul pasteur sera vu dans la Celte-Gaule.

34. L'homme puissant par Dieu s'asseyra

bien; moult, sages réglements appelleront la paix. Dieu sera avec lui, tant prudent et sage sera le rejeton de la Cap, » (c'est-à-dire de Hugues-Capet.)

Comment s'appelait le solitaire d'Orval ? A quelle époque vivait-il ? Où et quand ses *prévisions* ont-elles paru pour la première fois et dans quelle langue les a-t-il écrites? Autant de questions qui restent sans réponse et que nous ne pouvons juger. Est-il même bien prouvé que, dans son texte actuel, elle ait quatre-vingts ans de date et remonte tout au moins à la Révolution ? Je crois qu'il serait difficile d'en produire un témoignage imprimé ou que, si les plus anciennes copies remontent jusque-là, elles ont été quelque peu arrangées depuis. Le style semble porter plus d'une trace de ces arrangements, et il est à remarquer que, comme la plupart des sorciers, le moine d'Orval prédit avec beaucoup plus de netteté et de précision les événements passés que les événements futurs.

Je ferai une observation analogue à propos de celle qui est attribuée au P. Jérôme Botin, bénédictin, qui vivait dans les premières années du XVᵉ siècle, à l'abbaye Saint-Germain-des-Prés, à Paris. On assure qu'elle resta jusqu'à la Révolution consignée dans un cahier poudreux de la bibliothèque abbatiale, où elle se trouvait à la suite de deux autres nouveaux anonymes, et qu'elle fut traduite du latin en français, puis communiquée à plusieurs personnes peu de temps avant la dispersion du couvent. L'histoire est vraisemblable, mais où sont les témoignages contemporains qui l'attestent? On devient fort incrédule quand, dans une carrière de critique déjà longue, on a souvent vu par soi-même tout ce que peut, surtout en pareille matière, l'imposture aidée de la crédulité, et combien de ces légendes n'ont pour fondement qu'une ingénieuse supercherie.

Mais il y a au moins un fait certain pour cette prédiction : c'est qu'une copie en fut portée par un missionnaire en Amérique, vers 1815, et que cette copie a été visée, scellée et signée à chaque page, par ordre de Mgr Dubourg, évêque de Saint-Louis-des-Illénois, en 1819, — date qui suffirait à la rendre digne d'attention.

La prophétie du père Botin a été écrite, dit l'auteur, l'an 1810, sous le pontificat d'Alexandre V et le règne de Charles VI, et c'est à partir de là qu'il faut calculer les époques qu'il indique en chiffres très-ronds :

« Après que quatre siècles seront plus qu'écoulés, dit-il, les autels de Béelzébud seront détruits; les ouvriers d'iniquité seront dissipés et périront. La rosée du ciel descendra sur la terre désolée et sur l'Eglise éplorée.

» *Il y aura un enfant du sang des rois que donneront les gens d'Artois.* (On sait que Charles X fut comte d'Artois.) Et il gouvernera la France avec honneur et prudence, et l'esprit du Seigneur sera avec lui. C'est ce qu'a dit le Seigneur, et avant la fin du quatrième siècle (depuis 1410), les ministres des autels pleureront et souffriront persécution pour la justice. Le pasteur sera frappé et le troupeau sera dispersé.

Or, avant ce renouvellement de toutes choses, que celui qui n'a point fléchi le genou devant Baal fuie du milieu de Babylone, dit le Seigneur.

Que chacun ne songe qu'à sauver sa vie, parce que voici le temps où l'Éternel doit, par la grandeur de ses vengeances, montrer la grandeur des crimes dont elle s'est souillée; il va faire retomber sur elle tous les maux dont elle a accablé les autres. Le Seigneur a présenté, par la main de cette ville impie, dévastatrice des temples, meurtrière de ses prêtres, de ses rois et de ses propres enfants, le calice de la vengeance à tous les peuples de la terre. Toutes les nations ont bu le vin de sa fureur, et elles en ont souffert toutes les agitations de la cupidité et de la barbarie; mais un moment Babylone est tombée, et elle s'est brisée dans sa chute, a dit l'Esprit.

A une époque beaucoup plus rapprochée de nous, la sœur Rosa Colomba, dominicaine du couvent de Taggia, en Piémont, va nous apporter des révélations encore plus dignes d'intérêt. Pour le coup, nous avons affaire à une personnalité réelle, très-vénérable, et dont les prédictions, recueillies avec soin de son vivant, ont été entourées, plus même peut-être que celles de la religieuse de Blois, de toutes les garanties d'authenticité désirables. La vue prophétique lui était habituelle, mais l'humble religieuse savait dissimuler ses dons sous les dehors d'une simplicité touchant à l'enfance. Aussi n'apportait-on d'abord aucune attention à tout ce qu'elle annonçait, et ses compagnes s'amusaient souvent de ses prédictions, lorsqu'il lui arrivait de dire : « Pauvre Louis-Philippe, tu t'enfuiras un jour de la France pour aller mourir en Angleterre ! » Ce n'est que lorsque les événements eurent donné l'éveil aux religieuses qu'elles commencèrent à en prendre note. Procès-verbal authentique en fut dressé et déposé aux archives de l'évêché de Vintimille, et c'est à ce procès-verbal que sont empruntés les extraits qu'on va lire.

La sœur Rosa Colomba, morte en 1847, a d'abord prédit les événements qui ont signalé la fin du règne de Charles-Albert, sa défaite et sa fuite, puis le règne de Victor-Emmanuel, qui doit se terminer par une *détrônisation*. Elle disait souvent aussi que l'ami de ce nouveau roi, Napoléon, qu'elle nommait par son nom, au grand ébahissement des religieuses lui de-

mandant si donc Napoléon devait ressusciter,
ne serait pas bien assis sur le trône et qu'il en
tomberait en un clin-d'œil, — *presto ;* mais
qu'un roi légitime le remplacerait. A la suite de
cette chute, elle annonce une grande persécution contre l'Eglise, persécution qui sera l'œuvre
des propres enfants de celle-ci, — et par là,
est probable qu'elle entend les Italiens. Puis
elle continue :

« Une démocratie farouche arrivera quelque
temps au pouvoir. Elle se laissera tenter par les
biens des ordres religieux et des catholiques
fervents ; des nobles seront jetés dans les ca-
chots. On commencera, comme d'habitude, par
les jésuites... De grands bouleversements auront lieu ; on verra peuple marcher contre peuple pour s'exterminer l'un l'autre. La révolution
s'étendra à toute l'Europe, où il n'y aura plus
de calme qu'après que la fleur blanche sera de
nouveau remontée sur le trône de France.
L'Autriche, la Russie et la Prusse se ligueront
contre les fauteurs de la révolution. »

Il n'est pas question spécialement de Paris
dans ses prédictions, non plus que dans celles

du vénérable B. Holzhauser, restaurateur de la discipline ecclésiastique en Allemagne au XVIIe siècle, comme dans les annales hagiographiques par le nombre et la vérité de ses prophéties de son *Interprétation de l'Apocalypse*, il annonce, pour l'époque actuelle, des calamités déplorables. « Tout est dévasté par la guerre. Les catholiques sont opprimés par les hérétiques et les mauvais chrétiens. L'Eglise et ses maîtres sont rendus tributaires, les principautés sont bouleversées, les monarques mis à mort ; les hommes conspirent à ériger des républiques. » Tout cela doit finir à l'avénement du *Monarque puissant* qui fera refleurir la paix et la justice sur la terre jusqu'à l'avénement de l'Antechrist.

Même caractère dans les prédictions de Marie Lataste, cette humble et admirable fille du Sacré-Cœur, dont les œuvres, depuis huit années seulement qu'elles ont été livrées au public religieux, occupent l'un des premiers rangs dans la bibliothèque mystique. Elle aussi annonce le triomphe momentané du mal, qui doit être réduit à néant au moment où il se croit

affermi pour toujours, et la floraison magnifique
« du rejeton d'un vieil arbre, coupé dans la
forêt et dont il ne restait que le tronc. » Mais
Paris reparaît aussi dans ses prophéties. Un
jour, elle voit l'Ange exterminateur, avec son
arc et son épée, planer sur Paris : « A cette
vue, dit-elle, je fus saisie de je ne sais quels
sentiments de crainte, de douleur et de compassion, et je m'écriai plusieurs fois : Seigneur,
conservez Paris ! »

Le même cri monte aujourd'hui vers Dieu de
bien des bouches et de bien des cœurs : Seigneur, conservez Paris et sauvez la France !

Mais après avoir essayé de lire, sous les voiles
des prophéties, les destinées futures de notre
pays, le lecteur serait peut-être curieux de
connaître celles de la Prusse. Sur ce point,
nous n'avons à lui offrir qu'un seul prophète et
qu'une seule phrase de sa prédiction; mais
cette phrase a son prix, et elle en dit plus
qu'elle n'est longue. Il s'agit de l'œuvre fati-
dique rimée au XIIIe siècle en vers latins par
le frère Hermain, religieux cistercien du mo-
nastère de Lehnin, dans la Marche de Brande-

bourg, au cœur même de la Prusse. Cette chronique de l'avenir, très-populaire au-delà du Rhin, surtout depuis l'origine de Frédéric II, où sa véracité se trouva nettement établie par les faits, suit pas à pas chaque génération des Hohenzollern, jusqu'à la onzième, à partir de Joachim II, — c'est-à-dire, d'après le calcul des commentateurs, jusqu'à S. M. Guillaume Ier, qui se trouve caractérisé par ce vers :

Tandem sceptra gerit qui stimmatis ultimus erit.
« Enfin, le sceptre est aux mains de celui qui sera le dernier de la race. »

Qu'un Prussien se récrie ; nous Français, nous ne pouvons que dire de tout notre cœur : Ainsi soit-il ! — V. F.

TABLE DES MATIÈRES.

	Pages
Préface	5
Prophétie de Blois	13
— de M. l'abbé Souffrant	53
— de M. Mattay	57
— du solitaire d'Orval	65
— prussienne	87
Prédiction du cardinal d'Ailly	91
— de Jean Muller (Regiomontanus)	95
Prophétie sur la succession des Papes	97
Prédiction d'une religieuse de Belley	101
— d'un moine de Padoue	105
— de Lichtenberger	109
Prophétie du R. P. Necktou	113
— du frère Herman de Lehnin	115
— de Marie Lataste	117
Une vieille prophétie	129
Prophétie sur les malheurs qui menacent la France	133
Prophétie de Blois	161
Est-ce une nouvelle Jeanne d'Arc	163

Pages

La jeune fille de Mâcon....................... 165

Prédiction de l'abbé Margotti................. 175

   —   anonyme d'une religieuse en 1815... 181

   —   italienne........................... 183

   —   romaine............................ 185

   —   du P. Necktou..................... 187

   —   de maistre Pyrus.................. 191

   —   de la sœur Nativité............... 193

Revue des prédictions relatives aux événements

actuels....................................... 197